CLARISSE JURANVILLE

LE
DEUXIÈME LIVRE
DES
PETITES FILLES

320 Gravures

Ouvrage inscrit sur la liste des Livres fournis gratuitement
par la Ville de Paris à ses Écoles communales
et porté sur la plupart des Listes départementales.

Vᵉ P. LAROUSSE et Cⁱᵉ, Éditeurs

Rue St-André-des-Arts, 49

PARIS

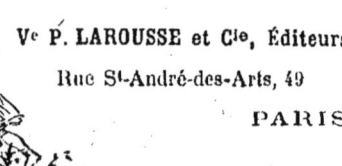

Du même auteur, pour les jeunes filles :

Le Premier livre des petites Filles, avec Leçons de choses (160 gravures). » fr. 75
Le Savoir-Faire et le Savoir-Vivre. Guide pratique de la vie usuelle.
   Livre de lecture courante, de 312 pages, cartonné . . . . 1 fr. 25
Manuel d'Éducation morale et d'Instruction civique, selon le programme
   officiel. Livre de lecture courante, de 312 pages, cartonné. . . . . . 1 fr. 25

— Prix : un franc —

CLARISSE JURANVILLE

LE
DEUXIÈME LIVRE
DES
PETITES FILLES

320 Gravures

Ouvrage inscrit sur la liste des Livres fournis gratuitement
par la Ville de Paris à ses Écoles communales
et porté sur la plupart des Listes départementales.

Vᵉ P. LAROUSSE et Cⁱᵉ, Éditeurs

Rue St-André-des-Arts, 49

PARIS

Du même auteur, pour les jeunes filles :

Le Premier livre des petites Filles, avec Leçons de choses (160 gravures).   0 fr. 75
Le Savoir-Faire et le Savoir-Vivre. Guide pratique de la vie usuelle.
    Livre de lecture courante, de 312 pages, cartonné . . . . 1 fr. 25
Manuel d'Éducation morale et d'Instruction civique, selon le programme
    officiel. Livre de lecture courante, de 312 pages, cartonné. . . . . . 1 fr. 25

— Prix : un franc —

OUVRAGES DE Mlle CLARISSE JURANVILLE

LE PREMIER LIVRE DES PETITES FILLES, Historiettes morales et Leçons de choses, 160 vignettes de Frédéric Régamey. Vol. in-12 cart. . . 0 fr. 75

LE SAVOIR-FAIRE ET LE SAVOIR-VIVRE dans les diverses circonstances de la vie. Nouveau livre de lecture à l'usage des jeunes filles. Vol. in-12 cart. de 312 pages . . . . 1 fr. 25

MANUEL D'ÉDUCATION MORALE ET D'INSTRUCTION CIVIQUE à l'usage des jeunes filles. Vol. in-12 cart. de 312 pages . . . . 1 fr. 25

LA FRANCE NOUVELLE. Essai de réforme morale par les enfants. Livre de lecture courante. Vol. in-18 cart. . . . . 0 fr. 80

PREMIERS SUJETS DE STYLE (1er degré), avec Sommaires raisonnés, méthode intuitive, mise à la portée des plus jeunes enfants. — Livre de l'Élève . . . . 0 fr. 50
Livre du Maître . . . . 1 fr.

MANUEL DE STYLE ET DE COMPOSITION (2e degré), inaugurant une méthode nouvelle, raisonnée et pratique. — Livre de l'Élève . . . 0 fr. 75
Livre du Maître . . . . 1 fr. 50

LE STYLE ENSEIGNÉ PAR LA PRATIQUE (3e degré), comprenant 1° des leçons sous la forme catéchétique; 2° des exercices comparatifs destinés à former le goût et à exercer le jugement; 3° des devoirs d'invention dans lesquels les élèves doivent employer eux-mêmes toutes les figures de style; 4° des rédactions usuelles, indispensables dans la pratique de la vie; 5° de nombreux sujets de style avec sommaires raisonnés. — Livre de l'Élève . . . . 1 fr.
Livre du Maître . . . . 2 fr.

DICTÉES AMUSANTES, ÉLÉMENTAIRES ET GRADUÉES, à l'usage du jeune âge. Vol. in-12 . . . . 1 fr. 50

DICTÉES RÉCRÉATIVES SUR L'ORTHOGRAPHE USUELLE. Volume in-12 . . . . 1 fr. 50

DICTÉES CURIEUSES, sur les Difficultés, les Contrastes, les Bizarreries, les Anomalies, les Irrégularités et les Subtilités de la langue française. Vol. in-12 . . . . 1 fr. 50

LES PARTICIPES EN HISTOIRES, donnant les Règles émises par nos principaux grammairiens, des Devoirs d'invention, des Exercices analogiques et de nombreuses Histoires servant d'application aux règles. — Livre de l'Élève, cart. 1 fr.
Livre du Maître . . . . 1 fr. 50

LA CONJUGAISON ENSEIGNÉE PAR LA PRATIQUE, renfermant des exercices variés sur des Verbes groupés par familles, de nombreux devoirs d'invention, des dictées, des permutations, et enfin, la conjugaison de tous les verbes irréguliers. — Livre de l'Élève. . . . . 0 fr. 75
Livre du Maître . . . . 1 fr. 50

MÉTHODE DE CALCUL ORAL, mise à la portée des jeunes enfants, renfermant plus de 250 *Exercices et Problèmes variés*. Vol. in-12. . . 0 fr. 30

PETITE GÉOGRAPHIE DU LOIRET, avec une carte du département. 0 fr. 75

LA VOIX DES FLEURS, comprenant l'origine des emblèmes donnés aux plantes, les souvenirs et les légendes qui y sont attachés, les proverbes auxquels elles ont donné lieu, les vers qu'elles ont inspirés aux poètes, enfin des pensées morales des plus grands écrivains sur les vertus ou sur les vices qu'elles représentent. Joli volume in-18 jésus, broché . . . . 2 fr.
Relié en percaline, titre doré . . . . 3 fr.

Expédition *franco*, au reçu d'un mandat-poste.

Paris. — Imp. Vᵉ P. LAROUSSE et Cⁱᵉ, 19, rue Montparnasse.

LE
DEUXIÈME LIVRE

DES PETITES FILLES

PAR

Mlle Clarisse JURANVILLE

Auteur de nombreux ouvrages classiques

MEMBRE DU CONSEIL DÉPARTEMENTAL DU LOIRET

Trois cent vingt Gravures

COURS ÉLÉMENTAIRE

Programme officiel. — Historiettes morales.
Conseils pratiques. — Leçons de choses : Connaissances sur les
objets usuels. Premières notions des sciences physiques et
naturelles. — Anecdotes, récits historiques et géographiques.
Chants, contes et poésies diverses.

DEUXIÈME ÉDITION

PARIS

Anciennes Maisons Larousse et Boyer

Ve P. LAROUSSE ET Cie, IMPRIMEURS-ÉDITEURS

49, RUE SAINT-ANDRÉ-DES-ARTS, 49

Tous droits réservés

A Mlles Berthe et Geneviève Soinne,

C'est près de vous, mes chères petites, et au cours d'une bien douce villégiature, que j'ai composé cet ouvrage; il est donc juste que je vous le dédie.

Vous y retrouverez nos causeries journalières sur différents sujets, et aussi les leçons que votre mère et moi aimions à vous donner ensemble, pour vous aider à devenir plus tard des jeunes filles charmantes, comme vous êtes déjà d'aimables et gentilles enfants.

C. J.

LE DEUXIÈME LIVRE
DES PETITES FILLES

1. — Comment il faut lire.

Pour bien lire à haute voix, il ne faut pas seulement dire les mots sans hésiter ; il faut encore faire les liaisons, s'arrêter quand c'est utile, et donner le ton convenable.

Voici un bon procédé pour marquer le repos nécessaire entre les mots :

Lorsque vous rencontrez une *virgule* (,), arrêtez-vous le temps de compter **un**; lorsque vous rencontrez le *point-virgule* (;) ou les *deux-points* (:), arrêtez-vous le temps de compter **deux**; enfin lorsque vous rencontrez un *point* (.), arrêtez-vous le temps de compter **trois**.

Savoir donner le ton à sa lecture, c'est lire comme on parle. Dans la conversation, on parle plus ou moins vite ; on peut être gai ou triste, interroger ou répondre, et le ton change suivant les circonstances ; il en est de même dans la lecture.

Pour marquer l'interrogation, dans les livres, on se sert de ce petit signe (?), que l'on nomme *point d'interrogation*.

Pour exprimer la joie, la tristesse, l'étonnement, on se sert du signe (!) ; on l'appelle *point d'exclamation*.

Donnez le ton convenable aux phrases suivantes, et prouvez que vous avez bien compris mes explications.

1. — Marie, veux-tu venir jouer avec moi? Veux-tu me prêter ton cerceau, dis? — Oui, je veux bien; prends-le.

2. — Quel bonheur! Que je suis contente! Maman va m'emmener avec elle voir ma tante ; je ne me sens pas de joie!

3. — Je suis bien triste aujourd'hui : papa est très malade. Pauvre papa! Comme il se plaint! Je ne veux pas faire de bruit.

4. — Dis-moi, Lucie, est-ce toi qui as pris ma plume? Où l'as-tu mise ? Tu es fort ennuyeuse.

5. — Ce matin, un ouvrier s'est tué en tombant d'une échelle. Quel malheur! Que vont devenir ses enfants?

6. — Laisse-moi tranquille, Rose. Tu me pousses, me taquines toujours; je suis fâchée; va-t'en!

Bien lire est un talent très rare. Parmi les lecteurs, fort peu sont capables de faire à haute voix une lecture supportable, bien moins encore sont en état de faire une lecture parfaite. La même histoire, lue par une personne qui sait lire et par une personne qui lit mal, produit des effets absolument différents; on dirait que ce n'est pas le même texte. Dans le premier cas, l'attention est éveillée; dans le second, on s'endort.

Appliquez-vous donc à bien lire, mes petites amies; ayez un ton de voix naturel et en rapport avec ce que vous lisez. Evitez de traîner la voix, de bredouiller; n'allez ni trop vite, ni trop lentement; respectez les pauses; prononcez les mots distinctement, et veillez sur les articulations.

Questionnaire. — Que faut-il faire pour bien lire à haute voix? — Quel procédé peut-on employer pour marquer le repos? — Résumez toutes les qualités que réclame une bonne lecture.

2. — Dieu et ses œuvres.

C'était par une douce matinée du mois de juin. La nature était resplendissante de beauté; les  fleurs s'épanouissaient aux rayons du soleil et embaumaient l'air de leur parfum; les gouttes de rosée étincelaient sur l'herbe comme autant de diamants; les oiseaux gazouillaient dans le feuillage; les papillons voltigeaient dans l'azur du ciel.

Jeanne était au jardin avec sa mère, et, ravie de ce qu'elle avait sous les yeux, elle s'écria : « Qui donc, maman, a fait toutes ces choses magnifiques? — C'est Dieu, mon enfant. Il a créé la terre où nous vivons, le soleil qui nous éclaire, le monde entier. Nous devons bien l'aimer, car c'est lui qui nous a donné toutes choses... — Mère chérie, est-ce Dieu qui donne aussi les mamans aux petits enfants? — Mais, oui, certainement, ma mignonne. — Oh! alors, je sais maintenant pourquoi on dit *le bon Dieu!* »

3. — Une fillette modèle.

Alice est une petite fille très sage.

Elle se lève dès que sa maman l'appelle. Quelquefois, elle voudrait bien rester dans son petit dodo et dormir un peu plus longtemps ; mais elle sait qu'elle doit obéir, et elle se lève tout de suite.

Elle s'habille presque toute seule ; pensez donc ! c'est une grande personne : elle a bientôt sept ans !

Elle ne pleure jamais lorsque, en la peignant, on lui tire un peu les cheveux ; elle sait bien qu'on ne peut faire autrement, surtout quand les cheveux sont frisés comme les siens. Il n'y a que les enfants grognons qui crient comme si on les écorchait, quand on les peigne.

Alice se débarbouille toute seule avec de l'eau bien fraîche, elle se savonne soigneusement les mains, brosse ses habits, met un peu d'ordre dans sa chambre, et termine sa toilette. Après avoir fini tout ce qu'une petite fille sage et soigneuse doit faire, elle court embrasser son père et sa mère, leur souhaite le bonjour, leur demande s'ils se portent bien, s'ils ont passé une bonne nuit. On lui donne ensuite à déjeuner ; elle mange de la soupe, ou du lait chaud, ou du chocolat, enfin ce que sa maman lui offre, car Alice ne fait pas la délicate comme certaines petites filles que je pourrais nommer.

S'il n'est pas encore temps d'aller à l'école, elle s'amuse, joue à la poupée, rend quelques services à sa mère et fait de petites commissions.

Quand l'heure de la classe est venue, elle va dire adieu à sa maman, court embrasser son petit frère, prend son panier et part toute joyeuse. Tout le monde dit, en la voyant passer : « Quel amour d'enfant ! »

Questionnaire. — Pourquoi propose-t-on Alice comme modèle aux petites filles ? — Quelle est sa conduite quand sa maman l'appelle, l'habille, la débarbouille ? — Que dit-on quand on la voit passer ?

4. — Père et Mère.

L'enfance, chères mignonnes, est l'âge le plus heureux de la vie. Malheureusement, vous ignorez votre bonheur et n'en jouissez que médiocrement. Plus tard, vous regretterez vos jeunes années, vous aimerez davantage vos parents et comprendrez leur bonté et leur dévouement. Puissent-ils être conservés longtemps à votre amour ! Si vous aviez le malheur de les perdre, vous diriez bien souvent, en vous rappelant le foyer paternel : « Ah ! si j'avais su !... S'ils vivaient encore, quelle tendresse je leur témoignerais, et comme je les rendrais heureux ! » Eh bien ! chères petites, commencez dès maintenant à les aimer encore davantage ; évitez-leur tout chagrin, ne vous exposez pas aux remords qu'ont les enfants ingrats et légers.

Questionnaire. — Pourquoi l'enfance est-elle le temps le plus heureux ? — Quelle conduite doivent avoir les enfants envers leurs parents ?

4. — Les Boissons.

Marguerite a été très obéissante, elle a bien appris sa leçon toute seule; aussi, son papa, pour la récompenser, l'a emmenée en vendanges.

La petite fille était contente, car elle voyait dans les vignes beaucoup de gens qui riaient et chantaient en travaillant. On est très gai en vendanges. Les femmes coupaient des raisins; les hommes, munis de hottes, emportaient ces raisins à la cuve. Marguerite dit à son père : « Est-ce que le vin est difficile à faire?

— Non, chère petite, il se fait presque tout seul. Au bout de quelques jours, quand les raisins ont été pressés ou foulés, que le jus est sorti des grains et qu'il a fermenté, le vin est fait; il est clair et n'est plus doux. On le met alors dans des fûts, qu'on descend à la cave, et on le laisse vieillir car plus il est vieux, meilleur il est.

Quand les raisins ont ainsi donné leur premier

jus, on jette sur eux une certaine quantité d'eau et on les comprime de nouveau avec le pressoir. De ce marc il sort encore du vin, mais il n'est pas aussi bon, aussi clair que le premier.

Pour que le vin se conserve plus longtemps et ne perde pas de sa qualité, on le met dans des bouteilles que l'on bouche avec des bouchons de liège. Le *liège* est l'écorce d'un arbre qui croît au sud de l'Europe, dans le midi de la France, en Algérie, et qu'on appelle *chêne-liège*. Tu sais qu'avec le liège on fait aussi des semelles que l'on met dans les souliers des petits enfants pour leur tenir les pieds chauds.

— Et les bouteilles dans lesquelles on met le vin, comment les fait-on ?

— Ces bouteilles sont en *verre*, et le verre

se fait avec du sable et de la soude ou bien de la potasse. La *potasse* est une espèce de sel blanc

que l'on retire des cendres du bois. La *soude* est aussi un sel blanc dont ta maman se sert souvent pour les nettoyages. On la retirait autrefois des cendres du varech, mais on la fabrique maintenant avec du sel marin. — Comment! le verre si transparent et si pur se fait avec du sable? — Mais oui; on met fondre ensemble le sable et la potasse, et quand ces matières sont en fusion, elles forment une pâte couleur de feu avec laquelle on fabrique bouteilles, verres, carafes, vitres, etc. Avec la soude on fabrique le verre commun, et avec la potasse, le verre plus limpide et plus sonore, appelé *cristal*. Mais, revenons aux boissons. Dans les pays où la vigne ne peut réussir, on boit, au lieu de vin, du cidre ou de la bière.

On fabrique le *cidre* en écrasant des pommes et on recueille dans des tonneaux le jus qui découle de ces fruits. Le cidre ressemble beaucoup au vin blanc; le meilleur vient de la Normandie et de la Bretagne. Le *poiré* est la boisson préparée avec des poires. On boit aussi beaucoup de bière en France, surtout dans le Nord.

— Ah! la bière! c'est si amer! — La *bière*, quand elle est bien préparée, est une excellente boisson, et l'on s'y habitue facilement. On la fabrique avec de l'orge et du houblon. — Et l'eau-de-vie? — L'*eau-de-vie*, ou plutôt l'alcool, est une liqueur spiritueuse que l'on extrait du vin, du cidre, des grains et même de la pomme de terre.

Maintenant, ma petite fille, te voilà savante. Il me reste à te dire une triste chose : bien des personnes font abus du vin et des liqueurs fortes. L'ivrognerie est un vice affreux. Un homme ivre est à craindre, et souvent il dépense au cabaret l'argent nécessaire à sa famille; quand il rentre à la maison, il maltraite sa femme et ses enfants. — Ah! pauvres petits, que je les plains! Moi qui ai un papa si doux et si bon! »

En disant ces mots, Marguerite se jetant dans les bras de son père l'embrassa de tout son cœur.

Questionnaire. — Qu'appelle-t-on *vendanges?* — Comment se fait le vin? — D'où vient le liège? — Avec quoi fabrique-t-on le verre? — Comment fait-on la bière, le cidre, le poiré, l'alcool?

6. — Suzanne et sa mère.

— Aimez-vous bien votre maman, ma chère petite fille ?

— Oh! oui, de tout mon cœur.

— C'est bien, mon enfant; il faut que vous l'aimiez beaucoup, car une maman, c'est tout ce qu'il y a de meilleur sur la terre.

C'est votre mère qui vous a entourée de soins et de tendresses depuis votre naissance, qui a veillé nuit et jour auprès de votre berceau quand vous étiez toute petite. C'est elle qui vous a soignée quand vous étiez malade, qui a séché vos premiers pleurs sous ses baisers. C'est elle qui vous a appris à marcher et à parler. C'est elle, enfin, qui va au-devant de vos désirs et qui ne pense qu'à vous rendre heureuse.

Peut-on croire qu'il y ait des enfants assez méchants pour faire de la peine à leur mère ! Lisez, à ce sujet, une réflexion d'une bonne petite fille.

Suzanne est une charmante enfant. Sa mère,

pour l'empêcher de faire une chose qui ne doit pas être faite, n'a qu'à lui dire simplement : « Cela me ferait de la peine », et aussitôt la fillette se tient tranquille. Un jour que Suzanne se promenait avec sa mère, elle vit un petit garçon qu'une dame tenait par la main. Ce petit garçon, qui pouvait bien

avoir sept ans, était en colère ; il criait, pleurait très fort et faisait l'entêté. Suzanne aussitôt se retourna vers sa mère et lui dit : « Cette dame n'est donc pas la maman de ce petit garçon ?

— Pourquoi donc, ma fille ?

— Puisqu'il lui fait de la peine ! »

C'est encore Suzanne qui, un jour, rencontrant une de ses compagnes en grand deuil, demanda à sa mère pourquoi cette petite fille était habillée tout en noir.

— C'est parce que sa mère est morte.

— Ah ! les mamans meurent donc ?

— Mais, oui, ma chère petite fille, moi-même je te quitterai un jour ; mais j'espère que ce malheur n'arrivera que lorsque tu seras bien grande.

— Oh! alors, maman, reprit vivement Suzanne, je ne veux pas grandir, j'aime mieux rester toujours petite! » Et elle embrassa sa mère avec effusion.

La mère, heureuse, sourit de cette naïve réflexion, et une douce larme brilla dans ses yeux.

Questionnaire. — Énumérez les preuves de tendresse qu'une mère donne à son enfant. — Qu'a dit Suzanne à la vue de ce petit garçon méchant? — Quelle réflexion a-t-elle faite à propos des vêtements noirs d'une petite fille?

7. — Claire et son père.

C'est votre papa, mon enfant, qui travaille tous les jours pour vous.

Que de peine il se donne pour gagner de l'argent, afin que vous ayez toujours de bon pain à manger, de bon vin à boire, et des vêtements pour vous habiller!

Souvent il est bien las, bien fatigué, votre papa; mais il ne se plaint pas, parce qu'il aime ses chers enfants, et qu'il sait que son travail leur est indispensable. Ah! ne lui donnez jamais que de la satisfaction et ne le faites pas fâcher.

Vous savez que les papas, quand ils grondent, ont une grosse voix, et cela fait peur!

Le soir, quand votre père arrive après sa journée faite, demandez-lui vite de ses nouvelles, embrassez-le, et dites-lui que vous l'aimez bien. Alors il vous prendra sur ses genoux, il vous caressera, et il sera délassé : il oubliera ses fatigues. Il sera bien heureux, je vous assure, surtout si vous pouvez lui dire que votre maman est contente de vous.

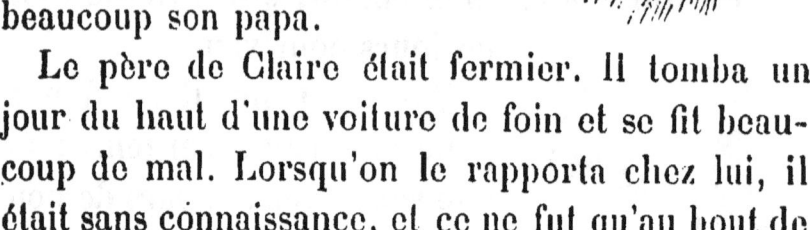

Lisez, à présent, l'histoire d'une petite fille qui aimait beaucoup son papa.

Le père de Claire était fermier. Il tomba un jour du haut d'une voiture de foin et se fit beaucoup de mal. Lorsqu'on le rapporta chez lui, il était sans connaissance, et ce ne fut qu'au bout de deux heures qu'il rouvrit les yeux et put parler.

Claire fut dans un désespoir affreux; elle se jeta à genoux dans un coin de la chambre et pria Dieu avec la plus grande ferveur pour qu'il lui conservât son papa chéri.

Dans la nuit de cet accident, elle ne put fermer les yeux. Vers minuit, elle se leva, marcha nu-pieds et avec précaution vers le lit de son père, afin de *l'entendre respirer*, et se persuader qu'il vivait encore.

Comme elle se retirait, le malade demanda :
« Qui est là ?

— C'est moi, mon papa, dit Claire.

— Que veux-tu donc, ma petite fille ? Pourquoi t'es-tu levée ? Es-tu souffrante ?

— Papa, je voulais savoir de vos nouvelles, je suis inquiète, je ne peux pas dormir !

— Merci, ma chère enfant, je vais mieux, dit le père attendri. Tu es bien aimable, viens m'embrasser, puis tu iras dormir, et demain, sois tranquille, je serai guéri. »

Questionnaire. — Quel est le rôle du père dans la famille ? — Pourquoi se donne-t-il tant de mal ? — Quel accident arriva-t-il au père de Claire ? — Que fit la petite fille pour calmer son inquiétude ?

CHANSON D'AUTOMNE

PAROLES
de
Georges HAURIGOT.

MUSIQUE
de
Claude AUGÉ.

Dans les bois aux rameaux jaunis,
Voici qu'il pleut des feuilles mortes :
De l'école on rouvre les portes,
Et je rentre, mes bons amis.

Adieu les fleurs et les fruits d'or!
Adieu prés verts, adieu grands chênes!
Au revoir, aux prunes prochaines,
Oiseaux qui m'appelez encor!

Avec l'été revient l'enfant.
— Qu'il est joli! disent les roses.
— Et comme il sait de belles choses!
Ajoute un merle en l'écoutant.

C'est qu'il avait, six mois durant,
Mis à l'étude un grand courage :
Or l'on est beau quand on est sage,
Quand on travaille on est savant!

9. — La poule de Juliette.

Juliette est une petite fille très occupée en ce moment : sa belle poule noire couvait, et les poussins, depuis quelques jours, sont sortis de leur coquille.

Tous les matins, même avant son déjeuner, Juliette leur porte à manger : elle leur donne des jaunes d'œufs durcis par la cuisson et hachés menus ou bien des miettes de pain trempées dans du vin.

Elle leur distribue aussi parfois des pâtées de pommes de terre et de farine de maïs. Puis elle renouvelle leur petite provision d'eau fraîche.

Quand ils seront plus grands, ils mangeront, comme leur mère, des fruits, des herbages, des vers, des graines et toute sorte de grenailles.

Juliette a dix petits poussins, tous plus gentils

les uns que les autres. Vers huit heures du matin, quand le soleil luit, les poussins, renfermés sous une mue, sont impatients d'aller se promener.

La mère écarte ses ailes, où elle les tenait tous chaudement, et les chers petits partent en faisant de joyeux kui ! kui !

La poule ne perd pas de vue un instant ses poussins, son unique préoccupation. Si le temps est mauvais, ou si les petits coureurs s'aventurent trop loin, aussitôt elle les appelle : Ko ! ko ! ko ! et ils accourent.

Pour les récompenser de leur obéissance, elle gratte la terre et leur cherche des vers. Lorsqu'elle en a trouvé, croyez-vous qu'elle les mange? Oh ! non, elle ne pense pas à elle : pourvu que ses petits aient ce qu'il leur faut, elle est heureuse.

Rien ne peut être comparé au cœur des mères; il est plein de bonté et de tendresse.

S'il s'agit de défendre ses petits, la poule, si craintive en temps ordinaire, devient intrépide.

Paraît-il un oiseau de proie, buse, épervier ou milan? elle s'élance au-devant de la serre redoutable, et, par ses cris de détresse, ses battements d'ailes et son audace, elle impose souvent au bandit des airs. Quand il s'agit d'une bête moins dangereuse, elle attend pour connaître ses intentions ; si l'animal passe au large, elle reste calme ;

mais s'il approche trop près, elle se pose fièrement au-devant de ses petits, écarte ses ailes en éventail, fait quelques pas et semble lui dire : « Si tu oses, arrive ; tu trouveras quelqu'un capable de te tenir tête ! »

La poule n'a pas seulement pour elle sa chair si légère, si fine et si saine ; elle a surtout son œuf nourrissant, plus délicat et plus précieux encore que sa chair. Les bonnes poules pondent en général tous les jours, excepté pendant la mue ; et quand elles ont un certain nombre d'œufs, elles manifestent l'intention de couver. On leur donne alors une douzaine d'œufs, qu'elles couvent vingt et un jours.

La poule est toute la basse-cour, toute l'étable du pauvre, qui ne saurait élever ses prétentions jusqu'à la possession vainement rêvée d'une vache ou d'une chèvre.

C'est une compagne, une amie, qui s'en va glaner des vermisseaux tout en jacassant et en chantant autour de la chaumière.

La poule est l'emblème de l'amour maternel.

Questionnaire. — Comment Juliette nourrit-elle ses poussins ? — Que fait la poule quand ses petits s'éloignent d'elle ou quand un animal les approche ? — Qu'est-ce qui rend la poule si précieuse pour nous ?

10. — Le coucher de la poupée.

Quand Berthe juge à propos de coucher sa poupée, elle répète à cette dernière ce que sa mère lui dit, à elle, chaque soir en la couchant. Il paraît que Berthe pleure et se mutine toutes les fois qu'on lui passe sa robe de nuit. Cela est bien sot de sa part, car la nuit est faite pour dormir, et l'on est si bien dans un lit chaud et moelleux !

Ecoutez Berthe, c'est curieux de l'entendre. Elle tient la poupée sur ses genoux et commence par la gronder doucement ; puis, chose grave, pour donner plus de poids à ses paroles, elle la menace de la force armée, des gendarmes !... Elle tâche ensuite de l'attendrir en lui parlant des enfants pauvres et abandonnés, qui eux, n'ont pas de lit.

Eh quoi! vous faites la méchante
Et vous ne voulez pas dormir?
Fermez les yeux, puisque je chante,
Ou les gendarmes vont venir!
Savez-vous bien, vilaine fille,
Qu'à cette heure où le jour pâlit,
Il est des enfants en guenille,
Qui pour dormir n'ont pas de lit!

Malgré ces paroles sensées, la poupée continue ses cris, et sa petite mère, Berthe, lui démontre qu'elle doit se trouver heureuse. Elle a du feu au foyer et de bons bas de laine, tandis que beaucoup d'enfants grelottent pieds nus dans la neige?

Pourquoi crier à perdre haleine?
Avez-vous froid près du foyer?
N'avez-vous pas des bas de laine?
Qu'avez-vous besoin de crier?
A cette heure où je vous protège,
Plus d'un pauvre orphelin, je crois,
Grelotte pieds nus dans la neige
Et pleure au travers de ses doigts!

Mais, pour pleurer ainsi, est-ce que la poupée aurait faim? C'est impossible, elle a bien mangé et elle a eu sa part de bonbons. Hélas! il n'en est pas de même de tous! Ce soir, peut-être, plus d'une famille indigente se couchera sans souper.

LE COUCHER DE LA POUPÉE.

Voyons, ne criez plus, mignonne,
Vous ne devez pas avoir faim :
Vous savez bien que je vous donne
De mes bonbons et de mon pain.
Songez qu'à cette heure, ma fille,
Où vos cris viennent m'occuper,
Il est plus d'une humble famille
Qui se couchera sans souper!

Enfin le sommeil arrive; la poupée s'apaise. Berthe dit en l'embrassant : « Rappelez-vous que bien des enfants, avant de s'endormir, n'ont pas, comme vous, le bonheur de recevoir un baiser de leur mère. »

Allons, faites votre prière,
Fillette; il faut vous reposer.
C'est bien ; fermez votre paupière
Puisque je m'en vais la baiser.
Rappelez-vous, douleur amère,
Lorsque vous pleurerez trop fort,
Que, sans un baiser de sa mère,
Plus d'un petit enfant s'endort.

Eh! dodo!
Pouponnette
Mignonnette;
Eh! dodo!
Dodinette,
Dodino.

Questionnaire. — Que peut-on dire à un enfant qui pleure quand on le couche? — Quels sont les enfants à plaindre?

10. — Le Labourage.

Pour que la terre produise, il est indispensable qu'elle soit cultivée, amendée, ensemencée.

Aussitôt après la moisson, les fermiers labourent la terre qui doit recevoir les semailles de l'automne.

Alors, les champs sont animés, on voit les chevaux ou les bœufs traîner la charrue et creuser des sillons. On entend la voix du laboureur exciter ses bêtes au travail, les encourager en leur disant : « Hue! hue! » Un jeune garçon, qui accompagne le laboureur, donne à l'attelage quelques coups de fouet pour ranimer l'ardeur des animaux qui repartent avec entrain. Bientôt on entend chanter ces couplets si connus :

> J'ai deux grands bœufs dans mon étable,
> Deux grands bœufs blancs marqués de roux.
> La charrue est en bois d'érable ;
> L'aiguillon, en branche de houx.
> C'est par leurs soins qu'on voit la plaine
> Verte l'hiver, jaune l'été ;
> Ils gagnent dans une semaine
> Plus d'argent qu'ils n'en ont coûté.
>
> . . . .

Les voyez-vous, ces belles bêtes,
Creuser profond et tracer droit,
Bravant la pluie et les tempêtes,
Qu'il fasse chaud, qu'il fasse froid?
Lorsque je fais halte pour boire,
Un brouillard sort de leurs naseaux,
Et je vois sur leur corne noire
Se poser les petits oiseaux.
. . . . PIERRE DUPONT.

Mon enfant, avez-vous vu quelquefois une charrue? C'est le premier et le plus utile de tous les instruments aratoires.

C'est ordinairement au mois de novembre que le cultivateur confie à la terre les graines qui devront germer, grandir et rapporter au centuple.

Que de reconnaissance ne devons-nous pas à ces travailleurs de la campagne, qui, chaque année, font pousser les plantes, les céréales, destinées à la nourriture de l'homme et du bétail!

Au paysan le bon Dieu donne
Les blés aux riches épis d'or,
Les grappes que mûrit l'automne
La terre est son fécond trésor :

C'est dans son sein que sans relâche,
Prodigue, il sème à pleine main;
Aussi, plus tard, il en arrache
De quoi nourrir le genre humain. (V. DE LAPRADE.)

Questionnaire. — Pour que la terre produise que faut-il faire?—A quelle époque laboure-t-on la terre et sème-t-on le blé?

12. — La bonne nourrice des bébés.

LA VACHE.

S'il est un animal précieux, mes chéries, c'est celui qui vous donne le bon *lolo* dont vous faites chaque jour vos délices, je veux dire la vache.

Ai-je besoin de vous faire son portrait? Il y en a de rousses, de blanches, de noires, de tachetées. La vache est grande et grosse, elle est couverte de poils, sa tête est ornée de deux fortes cornes dont la pointe se relève de façon à percer si l'animal frappe. La vache porte des mamelles, elle fait donc partie de la classe des *mammifères*; elle a quatre pattes, c'est un *quadrupède*; elle se nourrit d'herbe, elle est *herbivore*; elle rumine en mangeant, c'est-à-dire mâche deux fois ses aliments, elle est de l'ordre des *ruminants*.

Ici, un mot d'explication est nécessaire.

Si vous regardez des vaches ou des moutons

paître dans un pré, vous les voyez brouter l'herbe et l'avaler aussitôt. Lorsque ces animaux ont rempli leur *panse* ou première poche de leur estomac — car leur estomac à quatre poches, rien que cela ! — ils vont se coucher à l'écart, dans quelque coin du pré, non pour dormir, mais pour achever leur repas. De temps en temps, ils tendent le cou et la tête. On peut voir alors une petite boule d'herbe remonter, le long du cou, de la panse vers la bouche, et l'animal la mâche de nouveau lentement : il *rumine*, une heure et demie, deux heures. Cette fois les aliments sont assez broyés pour être digérés dans les autres poches de l'estomac.

Voyez, mes enfants, comme vous allez devenir savantes, vous saurez maintenant ce que signifient les mots : *mammifères, quadrupèdes, herbivores et ruminants*. Mais continuons notre histoire.

C'est un curieux spectacle que de voir dans les herbages une vache se faire joyeuse et fringante pour jouer avec son veau. Elle redevient jeune, court, bondit, folâtre, et dans une caresse maternelle enveloppe d'un coup de langue le museau de  son petit. Alors celui-ci, qui, avec sa tête étonnée et naïve, a l'air de sortir d'une boîte à surprise, provoque avec une grâce câline son excellente mère à de nouveaux jeux.

La vache était adorée en Égypte, sous le nom d'Isis; elle est aujourd'hui encore l'objet d'un culte particulier chez les Indiens, qui la laissent en liberté et regarderaient comme un crime de la mettre à mort. La vache est souvent toute la fortune des pauvres gens. Tout en elle est utile : avec son lait excellent on fait du beurre et du fromage;  son fumier est un des meilleurs engrais, et grâce à lui, une terre médiocre donne de bonnes et belles récoltes. Sa peau, préparée par le tanneur, et qu'on appelle alors cuir, sert à faire des chaussures, des harnais pour les chevaux, des soufflets, de jolies petites malles et des sacs bien commodes pour les voyages.

Mais ce n'est pas tout : de son poil on fait de la bourre pour les tapissiers et les selliers ; de ses cornes, des peignes, des boutons, des tabatières ; de ses os, des ouvrages au tour, de la gélatine, du noir animal pour clarifier le sucre ; de ses nerfs ou tendons, des cravaches ; de ses intestins, des enveloppes pour les saucissons, de la baudruche ; de sa graisse fondue, du suif avec lequel on fabrique des chandelles et des bougies. Le sang sert pour le raffinage du sucre et la fabrication du bleu de Prusse ; le fiel pour le dégraissage et la peinture, etc.  Le bœuf est aussi un animal précieux. Puissant et bon, il est le grand symbole de la patience et du travail ; c'est le roi des champs, l'hercule et le géant des étables. Non seulement il joue le premier rôle dans tous les travaux de la campagne, mais encore sa chair fournit une nourriture excellente, et il forme ainsi la base de la richesse et de l'alimentation publiques.

Mes enfants, n'ayez pas peur des animaux dont nous venons de nous entretenir, et, en souvenir de

leurs bienfaits, prenez la résolution de ne jamais maltraiter aucun animal domestique, et donnez à tous les soins dont ils ont besoin.

Questionnaire. — Pourquoi dit-on que la vache fait partie des mammifères, que c'est un quadrupède, qu'elle est herbivore et de l'ordre des ruminants? — Nommez tout ce que nous retirons de ce précieux animal? — A quoi sert le bœuf? — Comment doit-on se conduire envers les animaux domestiques?

13. — Le bon petit cœur.

Il y a sur la terre, quelques hommes qui ont beaucoup d'argent, d'autres qui en ont un peu, et un plus grand nombre qui n'en ont pas.

Ceux qui ont beaucoup d'argent sont les riches; ceux qui n'en ont pas du tout sont les pauvres.

Les pauvres sont bien à plaindre; mais s'ils sont honnêtes, s'ils savent supporter leurs privations avec courage, avec résignation, ils ont, plus que personne, droit à notre estime.

Mon enfant, si vous avez un peu d'argent dans votre bourse, il faut faire la plus grosse part aux

pauvres et ne pas tout dépenser pour les joujoux et les bonbons.

Quand vous rencontrez un mendiant, ou quand il en vient un à votre porte, donnez-lui avec politesse, douceur et bonté. Alors votre aumône lui sera bien plus agréable, il ne sera pas humilié de vous avoir tendu la main, parce qu'il verra que vous avez un bon cœur. Vous ressemblerez à une petite fille dont je vais vous raconter l'histoire :

Eugénie reçut un jour de sa tante une pièce d'un franc, parce qu'elle avait été sage et qu'elle avait lu deux pages sans faute.

Elle courut aussitôt chez la marchande voisine

pour acheter une poupée. Comme elle allait entrer, elle vit une pauvre femme qui portait un petit enfant dans ses bras et demandait l'aumône. A

cette vue, Eugénie eut un mouvement d'hésitation : devait-elle donner son argent ou acheter une poupée ? Elle regarda l'enfant : le pauvre mignon, qui lui souriait, avait un vêtement tout déchiré et bien laid. Alors, elle n'hésita plus et tendit gentiment sa pièce de monnaie à la mendiante.

— Merci, ma petite demoiselle, dit la malheureuse femme ; vous avez un bon cœur, et Dieu vous bénira.

Eugénie s'en retourna sans avoir de jouets, mais elle emporta dans son cœur ce qui rend plus heureux : le souvenir d'une bonne action !

A quoi vous servirait d'avoir la richesse,
Si ce n'était, enfants, pour aider le prochain ?
Logés, vêtus, nourris avec délicatesse,
Songez combien de gens n'ont pas même de pain !

Questionnaire. — Quelle doit être la conduite des riches envers les pauvres ? — Eugénie a-t-elle bien fait de donner sa pièce de monnaie ? — Auriez-vous fait comme elle ?

14. — L'Éclairage.

En hiver, les jours sont courts, le soleil se montre rarement et il ne fait plus clair dès cinq heures. Voyons, ma petite Marie, dites-moi ce que vous aimez le mieux, du jour ou de la nuit ? — Le jour ; la nuit, c'est trop ennuyeux : on voit à peine pour se conduire ! — Oui, c'est vrai, mon enfant ; on est obligé, pour dissiper l'obscurité, de s'éclairer avec des chandelles, des bougies, des lampes à huile, à pétrole, ou avec du gaz. Disons un mot de toutes ces choses.

La *chandelle* se fabrique avec du suif, c'est-à-dire de la graisse de bœuf, de vache ou de mouton. — Et comment s'y prend-on pour la faire ? — On verse tout simplement le suif dans des moules au milieu desquels on a placé une mèche de fils de coton tordus. — Quelle différence y a-t-il entre une chandelle et une bougie ? — Pour faire des *bougies* on emploie, non le suif lui-même, mais une substance extraite du suif et qu'on appelle *stéarine*. La mèche des bougies est plus fine ; elle est nattée et l'on n'est pas obligé de la *moucher* comme celle des chandelles.

— Maman allume une lampe au moment du dîner. — Lorsque, le soir, on a besoin de voir très clair, on emploie des lampes dans lesquelles on met de l'huile à brûler ou du pétrole. L'*huile* à brûler s'obtient en écrasant les graines de diverses plantes, notamment du colza et de la navette.

Le *pétrole* se trouve dans la terre; de là ses noms d'huile minérale et d'huile de pierre. On creuse quelquefois des puits très profonds pour le rencontrer. De nos jours, toutes les villes sont éclairées au gaz.

Le *gaz* d'éclairage, invisible comme l'air et deux fois plus léger que celui-ci, a une odeur très désagréable ; on le retire de la houille ou charbon de terre fortement chauffée.

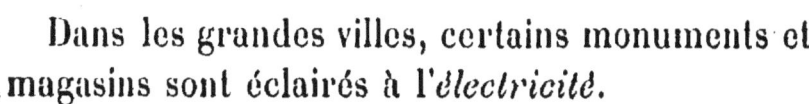

Dans les grandes villes, certains monuments et magasins sont éclairés à l'*électricité*.

Cette lumière plus vive, plus éclatante que les

autres, semble rivaliser avec celle du soleil.

A propos d'éclairage, comment ne pas parler des *allumettes*. Un de leurs bouts est enduit de soufre, et, par-dessus le soufre, on met une parcelle de phosphore. C'est le phosphore qui s'enflamme par le frottement. Le *soufre* se trouve dans la terre et le *phosphore* se fabrique avec des os d'animaux. Le phosphore est un poison; on ne doit donc jamais porter une allumette à la bouche, comme le font les bébés qui sucent... tout ce qui leur tombe sous la main.

Toutes les choses dont nous venons de parler sont bien utiles, mais combien elles offrent de dangers! On frémit en pensant à tous les malheurs arrivés par la faute d'enfants désobéissants qui ont allumé des incendies ou ont péri au milieu des flammes pour avoir voulu  jouer avec des allumettes, ou approcher trop près d'une lumière, ou enfin s'emparer d'une lampe à pétrole qu'ils ont renversée sur eux.

Avec le pétrole naturel on prépare deux produits: l'*huile de pétrole* et l'*essence de pétrole*. L'un et l'autre exigent de grandes précautions, surtout l'essence, qui s'enflamme très facilement et peut produire des explosions. Il faut donc, quand on prépare les lampes, tenir toute flamme éloignée. En cas d'accident, on jette sur le liquide en feu du sable, de la terre ou des cendres, et l'on applique de l'huile végétale sur les brûlures.

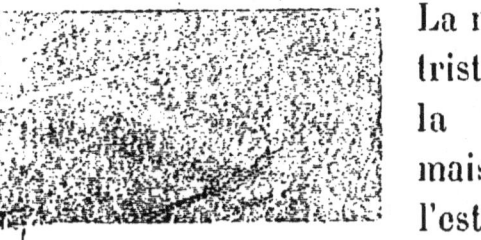

La nuit est triste sur la terre; mais elle l'est encore plus sur la mer. Nos vaillants marins seraient fort exposés, au cours de leurs longues expéditions, si l'on n'établissait pas sur les côtes de la mer de grandes tours appelées *phares,* ayant à leur sommet une lumière très vive qui se projette au loin. Qu'ils sont contents, les navigateurs, lorsque, à leur retour, ils aperçoivent ces feux lointains qui semblent leur dire : « Soyez heureux, vous voici dans votre chère patrie, vos frères pensent à vous, venez au milieu d'eux vous reposer de vos fatigues! »

Questionnaire. — Avec quoi s'éclaire-t-on? — Avec quoi se font la chandelle et la bougie? — D'où vient l'huile à brûler? — D'où retire-t-on le pétrole, le gaz? — Les enfants doivent-ils toucher aux allumettes? — A quoi servent les phares?

15. — Éléonore ne sait pas compter.

Que je vous raconte une singulière histoire ! J'en ris encore quand j'y pense.

Hier soir, j'étais chez mon épicier, lorsque ma petite voisine Éléonore est entrée. Elle avait une figure riante ; on devinait qu'elle avait reçu de l'argent pour acheter des bonbons.

Elle demande en effet au marchand des pastilles et deux bâtons de sucre de pomme.

Le marchand lui remet ce qu'elle désire, puis il dit qu'elle doit quinze sous ou soixante-quinze centimes.

La petite fille fouille dans sa poche, ouvre son porte-monnaie et laisse tomber sur le comptoir tout ce qu'il contient, c'est-à-dire deux pièces de cinquante centimes, une pièce d'un franc, puis une quantité de sous.

Le marchand dit alors : « Chère petite, vous me donnez beaucoup trop ; je n'ai besoin que de quinze sous. » Éléonore toute confuse répondit : « Monsieur, c'est toute ma bourse, prenez vous-même ce qu'il vous faut. »

A ces mots, les personnes présentes se regardèrent étonnées et éclatèrent de rire ; il était évident qu'Éléonore ne savait pas compter. Elle ne connaissait pas la valeur d'une pièce d'un franc

en argent, elle ignorait qu'elle vaut vingt sous. Elle ne savait pas non plus qu'un sou vaut cinq centimes, deux sous dix centimes, et qu'une pièce de cinquante centimes en argent vaut dix sous.

Le marchand prit son dû et dit à sa petite cliente : « A votre âge, mon enfant, vous devriez savoir compter ; je vous engage fort à apprendre. »

Éléonore ramassa le reste de son argent et s'en alla bien honteuse.

Questionnaire. — Racontez la mésaventure arrivée à Éléonore. — Dites pourquoi il est très utile de savoir compter.

16. — Jeanne l'a échappée belle.

Il serait difficile de trouver une petite fille aussi désobéissante que Jeanne ! Continuellement on est obligé de lui dire : « Jeanne ne fais pas ceci, ne fais pas cela » ; et elle le fait tout de même, car elle n'écoute absolument que sa tête.

SOYEZ OBÉISSANTES.

Voulez-vous savoir ce qui lui est arrivé l'autre semaine? La chose s'est bien passée; mais il faut avouer qu'elle a eu de la chance, et je lui donne le conseil de ne pas recommencer l'essai.

Quand Jeanne va chez sa bonne-maman, dont la chambre donne sur la rue, elle court aussitôt à la fenêtre pour regarder ce qui se passe. La grand'mère, qui est infirme et ne peut remuer de son fauteuil, lui dit sans cesse : « Ma Jeannette ne te penche pas à la fenêtre, car tu pourrais tomber et te blesser grièvement ou te tuer.

— Bonne-maman, n'ayez pas peur », répond la petite désobéissante, et elle regarde de plus belle. L'autre jour, Jeanne ayant entendu la musique d'un orgue de Barbarie accourut vite à la fenêtre et, selon sa détestable habitude, se pencha fortement pour voir plus à son aise. Oui, mais voilà que, tout à coup, Jeanne disparut. Il n'y avait plus de petite fille; la tête avait emporté les pieds... La grand'mère paralysée ne pouvait aller à son secours; elle s'empressa d'appeler.

Qu'était devenue la désobéissante? Elle était  tout simplement suspendue au mur. Heureusement pour elle, il y avait à la muraille un gros clou qui servait à attacher un cep de vigne; par bonheur, la ceinture de Jeanne s'y accrocha, et la petite fille resta suspendue le long du mur. Jugez quelle position périlleuse! Un ouvrier maçon qui travaillait à côté, ayant entendu les cris de Jeanne, prit son échelle et vint la délivrer. Il était temps, la ceinture cédait; une minute de plus, la petite fille tombait et se brisait sur le pavé.

Bientôt son père et sa mère arrivèrent; quand ils la virent pâle comme une morte, tremblante, les mains égratignées et couvertes de sang, ils comprirent qu'ils n'avaient pas besoin de la gronder et qu'elle était assez punie de sa désobéissance.

Jeanne désormais n'aura plus envie de s'envoler, comme un oiseau, par la fenêtre!

Questionnaire. — Quel est le grand défaut de Jeanne? — Que lui est-il arrivé? — Comment a-t-elle été sauvée?

17. — Les plaisirs de l'hiver.

On dit quelquefois aux petits enfants, quand il gèle bien fort, que le bonhomme *Hiver* est arrivé. On le représente couvert d'un grand manteau, la tête encapuchonnée; à peine lui aperçoit-on le bout du nez!

L'hiver est une saison triste; il fait froid, il pleut souvent, il neige. Mais cette saison n'a pas que des ennuis, elle a aussi quelques charmes.

Quel plaisir, quand le vent siffle et fait rage au dehors, d'être dans une chambre bien close, devant un bon feu pétillant, d'avoir là, à ses côtés, son père et sa mère, ses frères et ses sœurs!

Souvent, dans ces réunions intimes, l'aïeul raconte des histoires du temps passé, et le grand frère, revenu du service, parle de ses campagnes en Algérie, en Tunisie, au Sénégal, au Tonkin, etc.

Qu'ils sont doux les moments que les frères et les sœurs passent ensemble sous la protection de leurs parents! Toujours, dans le cours de la vie, on se rappelle avec bonheur le foyer paternel.

Là, quand toute la famille est réunie, on sent que l'on s'aime davantage; on ne fait véritablement qu'un cœur et qu'une âme. Ah! qu'ils sont à plaindre, les enfants pauvres n'ayant ni toit pour les abriter, ni vêtements pour les garantir du froid, ni pain pour apaiser leur faim! Qu'ils sont malheureux surtout, les orphelins, ceux qui n'ont plus de mère pour les chérir, plus de père pour veiller sur eux! Que vous êtes heureuses, mes petites amies, d'avoir de bons parents! Puissiez-vous conserver longtemps ces affectueux protecteurs!

L'ORPHELIN

Enfants, quand votre bonne mère,
Le soir, vous tient sur ses genoux,
L'orphelin couche sur la terre....
Petits enfants, y pensez-vous?

Vous avez tout en abondance,
Caresses, bonbons et joujoux;
Lui ne connaît que la souffrance...
Petits enfants, y pensez-vous?

LA NEIGE.

Quand personne ne vous surveille,
Parfois vous gaspillez vos sous...
Il est sans pain depuis la veille ;
Petits enfants, y pensez-vous ?

Tendez la main à sa misère,
Vous qui le pouvez... c'est si doux
De faire du bien sur la terre !
Petits enfants, y pensez-vous ?

L. BLANCHARD.

Questionnaire. — Parlez de l'hiver : ses plaisirs, ses tristesses.

20. — Les bonshommes de neige.

Je suis bien contente quand il tombe de la neige. Rien n'est gentil comme de voir ces petits flocons blancs et légers voltiger dans l'air ; ils vont, viennent, on dirait qu'ils jouent ensemble.

Mes frères aiment aussi beaucoup la neige, mais ce n'est plus pour le même motif. Ils fabriquent d'énormes bonshommes ou bien des boules qu'ils se jettent à la figure ; ils livrent ainsi de vraies batailles et parfois il y a des blessés. Ils trouvent ce jeu très amusant; je ne suis pas de cet avis. Mais, la neige, qu'est-ce que c'est?

— La *neige*, chère petite, est formée par des gouttes d'eau tombant des nuages, et qui pendant leur chute se gèlent et se solidifient; la neige, en un mot, est de la pluie congelée durant la traversée des nuages à la terre. Dans nos pays, la neige reste peu de temps sur le sol, elle fond aux premiers rayons du soleil. Il n'en est pas de même dans les contrées montagneuses : ainsi dans les Alpes, les Pyrénées, les hauts pics restent couverts d'une neige perpétuelle.

Quand la chaleur se fait sentir, souvent une masse considérable de neige se détache des montagnes et roule dans la vallée; cela s'appelle une *avalanche*. C'est un spectacle curieux à voir...

de loin, car il occasionne, de graves accidents.

En Russie, où la neige couvre le sol pendant des mois entiers, lorsqu'on veut voyager ou simplement se promener et s'amuser, on se sert de *traîneaux*, sorte de voitures sans  roues, montées sur de grands patins, et qui, traînées par des chevaux, glissent sur la neige et la glace. On fait ainsi des trajets considérables. La neige est fort utile : elle trempe la terre mieux que la pluie, elle contient des substances qui existaient en poussière dans l'air et qui font pousser les plan-tes, elle détruit une foule d'insectes nuisibles, et elle, si froide, garantit cependant la terre du froid.

— Et d'où vient donc la pluie ?

— La *pluie* vient des nuages, et c'est la terre qui la fournit ; c'est un va et vient continuel entre l'atmosphère et la terre. Voici comment les choses se passent.

Lorsqu'on fait bouillir de l'eau dans une chaudière, cette eau se change en vapeur. Puis cette vapeur monte. Eh bien, les rayons du soleil agissent comme le feu sous la chaudière : ils font évaporer l'eau des mers, la transforment en vapeurs.

Ces vapeurs s'élèvent dans l'air; elles s'accumulent làhaut, se resserrent, et, quand elles arrivent dans un endroit plus froid, deviennent visibles : ce sont les *nuages*. Ceux-ci, lorsqu'ils sont lourds, épais, laissent tomber des gouttes : c'est la pluie. On dit alors que les nuages crèvent. Quand l'eau qui est sur la terre est rendue solide par le froid, elle s'appelle *glace*. La glace est transparente; cela signifie qu'on voit le jour au travers. Quand elle est très épaisse, bien des personnes s'amusent à patiner; c'est pour elles un grand plaisir. Les pieds garnis de patins, elles glissent sur la glace en décrivant des courbes plus ou moins gracieuses.

Avant de patiner, il faut prendre de minu-

PRÉCAUTIONS A PRENDRE L'HIVER.

tieuses précautions, car si la couche de glace n'était pas assez épaisse, elle se briserait et les patineurs seraient en danger de périr. Les petites filles doivent engager leurs frères à être prudents.

L'hiver est la saison des rhumes et des engelures, maux peu dangereux d'ordinaire, mais fort ennuyeux. On doit, en les supportant avec patience, comme du reste toutes les douleurs physiques, tâcher de les guérir au plus vite.

Pour combattre le rhume, il faut se tenir très chaudement, boire de la tisane pectorale, et établir, s'il se peut, une transpiration abondante.

Le meilleur moyen de guérir les engelures est de frictionner la partie malade avec de la glycérine. C'est la brusque alternative du froid au chaud qui cause ce mal, fléau des écoliers. On ne doit donc pas approcher les mains d'un feu violent, quand elles sont très froides, ou les exposer à un froid subit quand elles sont très chaudes.

Questionnaire. — Comment se forme la neige? — Quelle est son utilité? — D'où vient la pluie et comment se forment les nuages? — Qu'est-ce que patiner et quelles précautions doivent prendre ceux qui se livrent à cet amusement?

19. — Qui veut des petits pâtés tout chauds?

Il y avait une fois, dans une petite ville, des enfants qui jouaient sur une place, à l'ombre de grands arbres.

Une femme d'ouvrier cousait sur un banc, ayant près d'elle ses deux enfants : un petit garçon nommé Pierre et une petite fille appelée Thérèse.

Ces deux enfants, habillés simplement, étaient très propres, très jolis et surtout fort bien élevés.

N'ayant pas de joujoux, ils faisaient des pâtés avec de la terre et les alignaient les uns à côté des autres; ils en avaient au moins douze tout prêts à mettre au four, et criaient de temps en temps : « Qui veut des petits pâtés tout chauds? »

A quelques pas d'eux, quatre ou cinq petites demoiselles, richement parées et accompagnées de leurs bonnes, jouaient au ballon, à la corde.

Tout à coup le ballon vient tomber au milieu des pâtés. Thérèse le ramasse, le regarde et veut le lancer à son tour. Mais alors arrive une des petites demoiselles qui le lui arrache des mains et lui dit avec insolence : « Donnez-moi cela, nous ne voulons pas jouer avec vous... » A ces mots, la maman de Thérèse  eut le cœur serré et ses yeux se remplirent de larmes en voyant repousser sa chère petite fille. Elle dit à Thérèse : « Mon enfant, laisse ces demoiselles s'amuser ensemble; elles ne veulent pas de toi, sans doute parce que tu n'es pas assez belle ! »

Une dame riche qui passait en ce moment avait tout vu et tout entendu; elle adressa quelques mots aimables à l'ouvrière, embrassa Thérèse et son petit frère, et leur distribua des bonbons. Puis, comme la petite demoiselle malhonnête était sa parente, elle alla la trouver et lui dit: « Vous avez très mal agi tout à l'heure, mademoiselle ; vous avez fait de la peine à cette pauvre mère, en dédaignant son enfant qui vaut mieux que vous.

Oui, sachez qu'une petite fille pauvre, gentille et bien élevée est préférable à une demoiselle riche, orgueilleuse et hautaine. »

En entendant ces paroles, la petite coupable devint rouge comme une cerise ; elle comprit qu'elle avait eu tort et courut embrasser Thérèse ; je crois même qu'elle lui mit un joujou dans la main.

Comme elle a réparé sa faute, je ne vous dirai pas son nom.

Questionnaire. — Que pensez-vous de la conduite de la petite demoiselle envers Thérèse? — Que doivent faire les enfants riches lorsqu'ils rencontrent des enfants pauvres?

20. — La Jalousie.

Les enfants qui ont des frères et des sœurs sont bien heureux ; ils peuvent jouer ensemble et s'amuser.

Les frères et les sœurs sont les meilleurs camarades et les amis les plus sûrs, les plus dévoués que Dieu puisse nous donner

Rien n'est gentil comme des frères et des sœurs qui s'accordent bien ensemble, qui s'aiment, qui ne sont pas jaloux.

Mais rien n'est affreux comme des frères et des sœurs qui se querellent sans cesse, qui ont mauvais cœur, qui se font gronder mutuellement ; ils sont malheureux et font le désespoir de leur père et de leur mère.

— Mon enfant, lorsque vous voyez votre compagne ayant une jolie robe, que dites-vous ?

— Mais je suis très contente pour elle, et je lui en fais mon compliment.

— Et si elle reçoit des récompenses parce qu'elle a été sage, êtes-vous contente aussi ?

— Oh ! je crois bien ; je me réjouis avec elle et je partage sa joie.

— C'est très bien, mon enfant, cela me fait voir que vous avez un bon cœur. Il faut toujours se montrer heureux du bonheur qui arrive à ceux que nous aimons, et même à ceux que nous n'aimons pas.

Ceux qui agissent autrement sont des jaloux, et la jalousie est le plus grand de tous les maux ; ce défaut rend horriblement malheureuses les personnes qui en sont atteintes, il empoisonne leurs jours.

Ma petite nièce, Marie-Thérèse, n'est pas du tout jalouse : aussi il faut voir comme, grâce à son bon naturel, elle a toujours le cœur joyeux ! Lorsque sa maman embrasse ses frères ou ses sœurs, cela lui fait plaisir, elle va elle-même les caresser.

Lorsqu'on distribue des bonbons ou des fruits, elle ne regarde pas si la pomme qu'on a donnée à son frère est plus grosse que la sienne, et si une dragée est blanche au lieu d'être rouge. Peut-on croire qu'il y ait des enfants assez sots pour faire attention à ces choses-là ! On se moque joliment d'eux, par exemple !

Enfin, lorsque Marie-Thérèse voit à ses amies des joujoux plus beaux que les siens, elle n'en est pas fâchée et ne demande pas mieux que de jouer avec elles. Elle ne craint pas non plus d'être moins aimée par ses parents ou par sa maîtresse ; elle sait qu'on chérit également les enfants aimables, bons et dociles. Ainsi une maman, eût-elle douze enfants, les aime, chacun en particulier, tout autant que si elle n'en avait qu'un seul.

Questionnaire. — Comment faut-il se conduire envers des frères et des sœurs ? — Comment Marie-Thérèse prouve-t-elle qu'elle n'est pas jalouse ? — Que doit faire un enfant pour être aimé de ses parents, de ses frères, de ses sœurs ?

21. — Chauffage.

— Quand on a froid, ma petite Laure, avec quoi se chauffe-t-on ?

— On se chauffe avec du bois.

— Oui, dans certains pays, on ne se chauffe qu'avec du bois ; mais, dans d'autres, on brûle de la houille ou charbon de terre. Vous connaissez le bois, le plus agréable des combustibles, inutile d'en parler ; eh bien ! c'est avec les branches des arbres que les charbonniers fabriquent le *charbon*, c'est-à-dire un bois en partie brûlé qui ne jette plus de flamme. C'est avec celui-ci que votre maman fait la cuisine et prépare votre déjeuner du matin. On l'appelle charbon de bois pour le distinguer du charbon de terre. Ce dernier, comme son nom l'indique, se trouve dans la terre, on le tire des mines qu'on appelle houillères.

— Alors, ce n'est pas du bois ? — Ce n'est plus du bois, mon enfant; mais c'en était autrefois. Les mines de *houille* sont d'anciennes forêts qui sont enfouies. La houille est une substance bien précieuse. C'est elle qui sert à chauffer l'eau des machines à vapeur, et c'est grâce à celles-ci que les vaisseaux sillonnent les mers avec tant de célérité, que les chemins de fer dévorent l'espace, que l'industrie fait de si grands progrès.

— L'hiver, dans notre salle à manger, nous employons du coke; ce n'est donc pas la même chose que la houille?

— Non, mon enfant. Lorsqu'on calcine la houille pour en faire sortir le gaz d'éclairage, ce qui reste, le résidu, s'appelle *coke*. Ce combustible produit très peu d'odeur et de fumée.

Les femmes de ménage, pour conserver le feu dans le foyer, emploient souvent de petites masses plates et rondes ressemblant à des fromages; elles sont faites ordinairement avec du *tan*, c'est-à-dire avec de l'écorce de chêne réduite en poudre et dont on s'est servi pour préparer les cuirs.

Dans quelques pays on brûle aussi de la *tourbe*. On appelle ainsi des débris de plantes qui se sont amassés au fond des étangs ou des marais, et ont formé une sorte de charbon de terre imparfait.

Depuis un certain nombre d'années, on a eu le grand tort de déboiser une partie de la France, de détruire des forêts entières; heureusement que dame Nature, plus prévoyante que les hommes, avait en réserve d'immenses couches de houille.

Un enfant ne doit jamais jouer avec le feu. Je connais une famille réduite à la plus profonde misère, parce qu'une petite fille s'était amusée à allumer du feu près d'une meule de paille; le

feu s'est communiqué à la maison, et l'incendie a tout réduit en cendres. L'imprudence de cette enfant a donc été la cause du malheur de sa famille.

On pense que la houille fut connue en Belgique dès le xie siècle, et en France au milieu du xiiie. Voici une légende qui se rapporte à sa découverte.

LÉGENDE DE LA HOUILLE

Il y avait en Belgique, dans une ville appelée Pléneveau, près de Liège, un forgeron qui était très habile dans son métier. Malgré cela, il ne gagnait pas de quoi nourrir sa femme et ses enfants, parce que le charbon coûtait trop cher et qu'il n'avait pas de quoi en acheter. Un jour qu'il se désolait de ce que sa provision était presque épuisée, il vit venir à lui un homme qui lui dit :

« Houilloz, ferre-moi mon cheval.

— Avec plaisir, répondit le forgeron, et Dieu vous bénisse ! vous êtes ma première pratique

LÉGENDE DE LA HOUILLE.

de ce jour, et il me faut travailler, car les temps sont durs. — L'état ne va donc pas? demanda l'inconnu. — Si, monsieur; mais le charbon qui alimente ma forge coûte si cher, que tout le gain y passe. » En disant ces mots, il se mit à ferrer le cheval du voyageur; celui-ci  parut satisfait, et lui donna une pièce d'or. — « Je n'ai pas de quoi vous rendre, Monseigneur, dit le forgeron. — Garde tout, mon ami. Je sais que tu es honnête, tu es malheureux et tu ne te plains pas. Je sais même que souvent tu es venu en aide à de plus pauvres que toi. Eh bien, tu vas voir que Dieu récompense l'ouvrier laborieux  et charitable. Prends une bêche, va sur la colline qui est devant toi, creuse profondément, et tu trouveras un trésor! Adieu. » Et il disparut.

Houilloz alla trouver sa femme, et lui raconta ce qui lui était arrivé. « Eh bien! lui dit-elle, y as-tu été? — Non, car je pense qu'il a voulu se moquer de moi; du reste, je ne lui en veux pas, il m'a bien largement payé. — Faudrait voir tout de même, reprit la femme. — Je te dis que c'est inutile. — Qu'est-ce que ça te fait? Vas-y la nuit, personne ne te verra. — Et s'il n'y a rien. — Va toujours. »

Enfin, vaincu par les prières de sa femme, Houilloz alla le soir même sur la colline et à force de creuser, il mit à découvert de grosses pierres brillantes et noires. Il revint chez lui, et se hâta de les mettre dans sa forge. Quel ne fut pas son étonnement de voir que ces pierres brûlaient et donnaient une forte chaleur! « Voilà le trésor! s'écria sa femme, c'est bien sûr ton bon ange qui te sera apparu. »

Quoi qu'il en soit, la découverte de Houilloz fut bientôt connue dans le pays et aux alentours. Chacun chercha s'il ne découvrirait pas une mine de charbon de terre, nom qu'on lui donna tout d'abord ; mais le nom de « houille » lui vient de Houilloz qui l'avait découverte le premier.

Questionnaire. — Dites avec quoi on se chauffe? — Comment obtient-on le charbon de bois? — Où se trouve le charbon de terre? — Que fait-on avec du tan? — D'où vient la tourbe? — Quelles précautions les enfants doivent-ils prendre avec le feu?

22. — Babet la cuisinière.

— Bonjour, ma chère Marthe.

— Bonjour, Lucie, comment vas-tu ce matin?

— A merveille, je te remercie. Je viens passer une heure avec toi, puis j'irai apprendre ma grammaire. — Ah! tu apprends la grammaire, toi, Lucie? j'ai entendu parler de ce 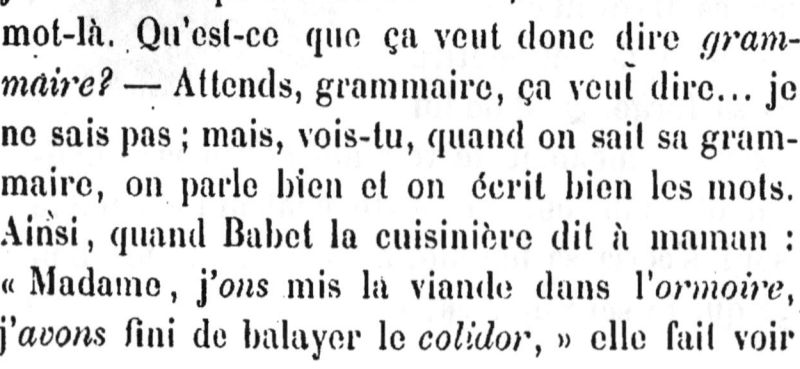 mot-là. Qu'est-ce que ça veut donc dire *grammaire?* — Attends, grammaire, ça veut dire... je ne sais pas ; mais, vois-tu, quand on sait sa grammaire, on parle bien et on écrit bien les mots. Ainsi, quand Babet la cuisinière dit à maman : « Madame, *j'ons* mis la viande dans *l'ormoire*, *j'avons* fini de balayer le *colidor*, » elle fait voir qu'elle n'a pas appris la grammaire, car on doit dire : j'ai mis la viande dans l'armoire, j'ai fini de balayer le corridor. Lorsqu'elle écrit *quareaute*

et *navais* au lieu de *carotte* et *navet,* elle prouve qu'elle ne sait pas du tout l'orthographe.

Babet n'ouvre pas la bouche sans faire des cuirs ou des velours et sans estropier tous les mots. Ce matin encore elle disait : « J'ai été *avant z'hier* au marché, j'ai acheté de *la bonne légume* et je n'ai pas dépensé *une centime* inutilement. »

— Lucie, mais qu'est-ce qu'il y a donc de mal à dire *avant-z'hier, une centime* et *de la légume?*

— Légume et centime sont du masculin, alors on doit dire : un légume, un centime. Puis, comme avant ne se termine pas par un *s,* ou par un *z,* on dit avant-hier sans liaison, ou avant-*t*hier.

Dire *avant z'hier,* c'est faire un velours.

Dire ce n'est pas *ta moi* c'est faire un cuir.

Tu vois, Marthe, comme c'est utile de connaître la grammaire. On sait si les mots sont du masculin ou du féminin, s'ils sont au singulier ou au pluriel. On sait aussi comment ils s'écrivent, comment ils se prononcent, et personne alors ne se moque de vous.

— Dis-moi, Lucie, est-ce que tu te moques de Babet quand elle se trompe?

— Oh! mais non! par exemple, car ce serait très mal. Babet avait des parents pauvres qui n'ont pu l'envoyer à l'école que fort peu de temps, ce n'est donc pas étonnant qu'elle ne sache presque rien. On ne se moque que des personnes qui auraient pu apprendre et qui n'ont pas voulu.

Ainsi, toi, Marthe, si tu ne sais pas parler et écrire correctement, c'est-à-dire sans faire de fautes, on se moquera de toi et on aura raison.

— Oui, mais je t'assure qu'on ne se moquera pas de moi, car je veux apprendre la grammaire.

Questionnaire.— Pourquoi doit-on apprendre la grammaire? — Doit-on se moquer d'une personne qui n'a pu l'apprendre?

23. — Le marché des fées.

Les fées ne passent point tout leur temps à être marraines de petites princesses belles comme le jour, ou à se faire traîner dans des citrouilles transformées en carrosses. Beaucoup de ces grandes dames s'improvisent marchandes une fois l'an. Elles ouvrent des bazars merveilleux sur quelque montagne, près de vieilles pierres mystérieuses, dont elles font leurs comptoirs, et y étalent au clair de lune tout ce que produit leur monde enchanté. D'abord les talismans connus : anneaux destinés à rendre invisible ; tapis qui vous transportent plus vite que la pensée ; nappes auxquelles il suffit de donner la carte pour être servi ; bourses toujours pleines ! Puis, à côté, se déploient tous les miracles de la coquetterie féerique : les étoffes d'or brodées de diamants, les perles plus grosses que des œufs de poules, les bracelets d'un seul rubis, les escarboucles éblouissantes et mille autres atours.

Un soir que Jacqueline revenait de la ville, elle voulut abréger en prenant par un sentier désert. Les étoiles brillaient au ciel, la bonne odeur des foins coupés remplissait l'air, et le rossignol chantait ; mais Jacqueline marchait sans rien entendre ni regarder, pensant à ce qu'elle avait vu à la ville. Tant de belles choses avaient éveillé ses ambitions ; elle faisait la revue de ses souhaits défilant sans jamais s'arrêter.

« Oh ! si le monde était soumis à ma volonté ! pensait-elle. Si je pouvais quelque jour faire ma vie avec mes désirs, comme le voisin Michel fait sa toile avec les fils de son lin ! Si les blanches dames ouvraient pour moi leur marché magique, en me laissant choisir selon ma fantaisie ! »

Sa pensée en était là quand elle arriva à la grande bruyère ; la lune éclairait le haut de la colline où elle aperçut les fées arrangeant leurs merveilleuses marchandises. Jacqueline s'arrêta en jetant un cri, mais sans retourner en arrière, car c'était une fille curieuse et hardie. Les fées

l'appelèrent en lui proposant de choisir parmi toutes leurs richesses.

« Achète! achète! » répétaient-elles d'une même voix. Et elles faisaient briller à ses yeux l'or, les diamants, les étoffes précieuses.

« Faites excuses, belles marchandes, répondit Jacqueline sans trop s'effrayer; mais il faudrait pouvoir y mettre le prix.

— Aussi t'en demanderons-nous un qu'il te sera facile de payer, répondirent les fées.

— Et lequel?

— Un de tes cheveux pour chaque objet choisi. »

Jacqueline crut qu'on la raillait et se récria; mais les fées lui renouvelèrent leur proposition en étalant à ses yeux tous leurs trésors. La jeune paysanne sentit la respiration lui manquer.

« Un cheveu par objet qui me plaira! répéta-t-elle suffoquée de plaisir; si je ne rêve pas, me voilà plus riche que le Grand Mogol, et tous les rois de la terre ne sont pas dignes d'être mes cousins. »

Elle se mit aussitôt à parcourir le bazar féerique, et à choisir parmi ses merveilles, payant chaque acquisition d'un seul cheveu, ainsi qu'il  avait été convenu; mais plus elle achetait, plus elle y prenait goût. Après les bagues venaient les bracelets, après les bracelets les colliers, après les colliers mille autres choses. Chaque désir contenté faisait naître un nouveau désir, et comme on dit: « La ceinture d'argent exigeait la boucle d'or. »

Jacqueline payait toujours de la même monnaie et elle continua ainsi jusqu'au matin sans s'apercevoir que son front se dégarnissait petit à petit. Soudain elle y porta la main en poussant un cri; mais il était trop tard! son dernier cheveu, qu'elle eût pu du moins échanger contre une perruque, venait d'être employé à acheter un peigne de diamants !

Au même instant, le jour parut, et les fées s'envolèrent avec un rire moqueur, ne laissant à la  place des trompeuses richesses, contre lesquelles la fillette avait échangé un don naturel, que des feuilles mortes et des brins de mousse !

Longtemps dans le pays on montra Jacqueline au doigt comme un grand enseignement, et depuis ce jour les vieillards s'habituèrent à dire que celui qui veut satisfaire tous ses désirs est bientôt chauve, ne donnât-il chaque fois qu'un seul cheveu !

Si nous voulons être heureux sur la terre, mettons un frein à nos désirs : nous éviterons par là les désenchantements et les déceptions cruelles.

Questionnaire. — Narrez le petit conte que vous venez de lire et dites quelle morale on doit en tirer.

24.
Le beau jour des étrennes.

— Pourquoi êtes-vous si joyeuse, Geneviève?

— C'est que la nouvelle année est dans trois jours et je vais recevoir de belles étrennes. Ma tante m'a promis une poupée presque aussi grande que moi, qui dira : papa, maman. J'aurai encore bien d'autres choses, et aussi, je pense, une belle pièce d'or.

— C'est bien, ma chère petite, soyez heureuse à la pensée d'avoir de beaux jouets, de manger des bonbons; mais n'oubliez pas qu'il y a autour de vous des enfants pauvres, qui eux, hélas! ne recevront rien, et comme vous avez un bon petit cœur, vous prendrez de vos étrennes et vous en distribuerez aux enfants malheureux, n'est-ce pas?

— Oh! oui, bien sûr. Je leur donnerai mes vieux joujoux, des oranges, des bonbons.

— C'est cela même, et ces pauvres petits en

seront très contents. Et que direz-vous à vos parents le premier jour de l'an ?

— Je leur dirai ceci : Mon cher papa et ma chère maman, je vous aime de tout mon cœur, je vous souhaite une bonne et heureuse année, je vous promets d'être raisonnable et de bien apprendre en classe. Puissiez-vous avoir une bonne santé et obtenir tout ce que vous désirez. A grand'mère je dirai ces vers :

> Bonne maman,
> Le jour de l'an,
> Je viens vous offrir mon hommage,
> En vous disant,
> Pour compliment,
> Que je veux toujours être sage.

— C'est très bien, Geneviève ; de cette manière tout le monde sera satisfait, et vous commencerez parfaitement l'année. Mais, dites-moi, cette belle pièce d'or dont vous me parliez tout à l'heure, qu'en ferez-vous ?

— Oh ! ce n'est pas difficile à deviner : je la changerai contre beaucoup de pièces blanches, et quand reviendra la fête du pays, où l'on voit sur la place tant de saltimbanques avec de beaux casques dorés, tant de jeux amusants, je m'offrirai le plaisir de visiter toutes les baraques.

— C'est votre droit, mon enfant ; mais voulez-vous me permettre de vous donner un conseil ?

— Oh! certainement, madame, avec plaisir.
— Eh bien, mettez de côté une petite somme

à laquelle vous ne toucherez pas, et que vous réserverez pour l'imprévu.

— L'imprévu ? Eh ! qu'est-ce que cela, madame ?

— C'est ce qui arrive au moment où l'on s'y attend le moins.

— Mais il ne peut rien m'arriver d'extraordinaire, puisque je reste avec papa et maman.

— Hélas! mon enfant, ce n'est pas toujours une raison. D'ailleurs, si, comme je l'espère, il ne vous arrive rien, un malheur peut frapper vos voisins, vos compatriotes, et vous serez bien aise à ce moment de pouvoir leur venir en aide. Vous savez bien, n'est-ce pas, que l'on envoie des secours aux populations éprouvées par les incendies, les inondations ou les tremblements de terre?

— Oh! oui, madame, et je plains ces pauvres

gens de tout mon cœur; mais que signifient les derniers mots que vous venez de prononcer?

— De temps à autre, surtout dans les pays situés près de la mer ou dans les régions volcaniques, de violentes secousses font *trembler* la terre. Alors les maisons s'écroulent et des villes entières sont jetées à bas, écrasant les habitants sous leurs ruines.

— Oh! mais c'est affreux! Et qu'est-ce qui produit ces tremblements de terre?

— La cause de ces catastrophes épouvantables est inconnue. Certains savants disent qu'au centre de la terre il existe un foyer immense dans lequel il y a une masse énorme en fusion. Ainsi, l'intérieur de la terre serait tout en feu; quand, par des causes inconnues, cette fournaise bouillonne plus qu'à l'ordinaire, la terre tremble, se fend parfois et laisse échapper de la fumée ou des flammes.

— C'est donc comme des volcans?

— D'après les mêmes savants, les volcans sont des sortes de cheminées qui mettent l'intérieur du globe en communication directe avec l'atmosphère; ce sont comme des soupapes de sûreté destinées à donner passage aux matières enflammées que la terre ne peut plus contenir. Les substances qui s'écoulent par leur orifice, appelé *cratère*, portent le nom de *laves*. Elles sortent liquides puis se refroidissent à l'air et deviennent d'une grande dureté.

Un volcan.

D'autres affirment que les tremblements de terre sont dus à des gaz qui se produisent à l'intérieur de la terre, et qui, en se dégageant, soulèvent la croûte terrestre, quoique cette croûte n'ait pas moins de onze lieues d'épaisseur. Enfin, il y a, sur la cause des tremblements de terre, une foule de versions; et jusqu'ici la science n'a pu dire d'une manière certaine ce qui donne lieu à de si terribles phénomènes.

Questionnaire. — Pourquoi Geneviève est-elle si heureuse? — Que fera-t-elle pour les enfants pauvres? — Qu'appelle-t-on volcan? — A quelles causes attribue-t-on les tremblements de terre?

2ᵉ LIVRE DES PETITES FILLES.   4

25. — On l'appelait Boudillon!

Si, pendant une récréation, vous voyez un enfant s'isoler de ses camarades, ne prendre aucune part au jeu, l'air maussade et ennuyé, vous pouvez dire en toute assurance : c'est un boudeur !

Si, en entrant dans une chambre, vous apercevez dans un coin une petite fille, la tête tournée contre le mur, qui ne se dérange pas à votre arrivée, gardez-vous bien de lui adresser la parole : elle ne vous répondrait pas, car mademoiselle boude !

Un enfant boudeur n'est pas aimé, et se prive de bien des plaisirs. Il boude à tout propos, sans rime ni raison ; c'est un sot, un triple sot.

Écoutez l'histoire d'une petite fille que ce vilain défaut avait fait surnommer *Boudillon*.

Un jour, la mère de Charlotte, qui donnait un grand dîner, emmena sa fille avec elle dans la salle à manger ; elle allait voir si tout était prêt.

Malgré la défense de sa mère et sans aucune nécessité, Charlotte s'empara d'une belle assiette de porcelaine. Aussitôt un bruit se fit entendre : paf!

l'assiette était par terre, brisée en mille morceaux.

Charlotte, tout naturellement, fut grondée, et elle devait l'être ; mais au lieu de dire : Maman, j'ai bien regret de vous avoir désobéi, je ne toucherai plus à rien, elle se mit à bouder, mais à bouder si fort qu'elle alla s'enfermer dans sa chambre, très décidée à n'en pas sortir.

En agissant ainsi, elle croyait punir sa maman, mais c'était elle seule qui allait être attrapée.

Il faut vous dire que la chambre de Charlotte, touchait à la salle à manger ; une simple cloison séparait ces deux pièces.

Les convives arrivent, on se met à table ; la petite boudeuse, qui avait l'estomac vide, commence à regretter de n'être pas avec tout le monde.

Elle entend le bruit des cuillères, des fourchettes, le choc des verres ; elle se dit : « Comme ils sont heureux de manger ! que ne puis-je faire comme eux ! Mais hélas ! personne ne s'occupe de moi, on m'oublie. »

Sa maman pensait bien à elle, mais faisait semblant de l'oublier parce qu'elle voulait la corriger.

Quelques instants après, Charlotte sent une délicieuse odeur de dinde rôtie, puis un parfum de tourte parvient jusqu'à elle...

Oh! ma foi, la boudeuse n'y tient plus ; elle lisse un peu ses cheveux, s'essuie les yeux, car elle avait pleuré de dépit, et entre avec précaution dans la salle à manger.

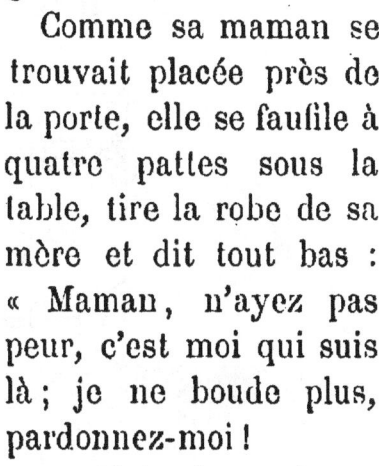

Comme sa maman se trouvait placée près de la porte, elle se faufile à quatre pattes sous la table, tire la robe de sa mère et dit tout bas : « Maman, n'ayez pas peur, c'est moi qui suis là ; je ne boude plus, pardonnez-moi !

— Ah ! c'est toi, ma fille, dit la mère en souriant, tu étais donc bien occupée pour tarder si longtemps à venir? Allons, mets-toi à table. » Cela voulait dire qu'elle lui pardonnait.

Pour toute réponse, Charlotte embrassa sa mère. On lui fit place et elle mangea de bon appétit.

Au dessert, en croquant un bon morceau de tarte aux confitures, elle se dit : « Maintenant, je ne serai plus si *bébête*, je ne bouderai plus : on est trop malheureux. »

Questionnaire. — Quelle est la conduite d'un enfant boudeur ? — Dans quelle circonstance Charlotte a-t-elle boudé? — Si vous aviez une petite sœur boudeuse que lui diriez-vous pour la corriger?

CHANSON D'HIVER

PAROLES
de
Georges HAURIGOT.

MUSIQUE
de
Claude AUGÉ.

La terre a mis sa robe blanche ;
    Au bord du toit,
L'oiseau muet tremble et se penche,
    Transi de froid !

Voici qu'il gèle à pierre fendre ;
    Sur les chemins,
On voit des vieux pleurer et tendre
    Leurs faibles mains.

Nous, cependant, les portes closes,
    Dans nos dodos
Nous rêvons de suaves choses,
    Bonbons, cadeaux !

Noël, Janvier, pour l'enfant sage
    Si généreux,
Ah ! n'oubliez pas au passage
    Les malheureux !

27. — Fourrures et étoffes.

— Oh! le joli manchon que vous avez, Cécile! Qui vous l'a donné?

— C'est grand'mère qui me l'a offert pour mes étrennes, parce que j'ai bien travaillé en classe.

Je suis très contente; maintenant je ne crains plus autant le froid aux mains.

— Oui, les *fourrures* tiennent fort chaud ; c'est pourquoi, durant l'hiver, on en fait un grand commerce. Vous savez que ce sont des peaux d'animaux garnies de leur poil et préparées par l'alun. On s'en sert pour doubler ou garnir les vêtements. Avec sa pelisse doublée de petit-gris, votre mère peut braver le froid.

La plume, la laine et la fourrure doivent leur propriété de tenir chaud aux bulles d'air qu'elles emprisonnent, car l'air est très *mauvais conducteur* de la chaleur; on entend par là qu'il retarde la déperdition de la chaleur de notre corps et la retient plus longtemps. Après les fourrures, ce qui tient le plus chaud, c'est la laine. Les mamans sont si bonnes que lorsqu'il gèle très fort, elles vont elles-mêmes coucher les enfants et mettent sur leur lit une couverture de laine, souvent même un édredon.

L'*édredon* se fait avec un duvet très fin que fournit une espèce de canard sauvage appelé *eider*. La recherche de ce produit ne se fait pas sans péril, ni, hélas! sans un peu de cruauté.

La cane-eider cache son nid sur des falaises escarpées et dangereuses à gravir. Mère dévouée, comme toutes les mères, elle ne le quitte qu'un instant et à de longs intervalles, afin de pourvoir à sa propre subsistance. L'homme, qui épie ce moment, grimpe jusqu'à la couvée pour s'emparer, non des œufs, mais du fin duvet dont la cane les a couverts afin qu'ils ne se refroidissent pas durant sa courte absence. A chaque sortie, la cane s'arrache de nouvelles plumes pour abriter ses œufs, et chaque fois on réitère le même larcin, jusqu'à ce que la mère, trop dépouillée, soit elle-même menacée de périr.

Notre corps a besoin de chaleur et nous ne pourrions pas vivre s'il était exposé à un froid trop intense; nous sommes donc obligés de le protéger par des vêtements plus ou moins chauds suivant les saisons. Les premiers habitants de la terre se couvrirent de peaux de bêtes; plus tard, ils apprirent à tisser la laine, le chanvre, le lin, la soie, et en

fabriquèrent des étoffes pour s'habiller. Vous savez d'où vient la laine, n'est-ce pas?

— Oh! oui, certainement, maman me l'a dit.

— La *laine* que l'on coupe sur le dos des moutons est lavée à grande eau, puis on la dégraisse et on la carde. Cela veut dire qu'on la démêle, qu'on la peigne avec des brosses de fer; puis on la file et on la tisse.

Avec les fils de laine, on fabrique toute sorte de belles et bonnes étoffes comme les mérinos, les draps, les flanelles. Depuis cent ans, l'industrie des laines a fait des progrès extraordinaires. Les villes de Sedan, d'Elbeuf et de Louviers sont renommées pour la fabrication des draps, et Reims pour celle des mérinos. Votre robe et votre châle sont faits avec cette étoffe croisée appelée mérinos, nom d'un mouton venu d'Espagne.

Le *chanvre* est une plante qu'on cultive beaucoup en France, et qui a à peu près la hauteur du blé. C'est de son écorce broyée qu'on retire

LE CHANVRE, LE LIN.

Le chanvre.

des fils ou filasse avec lesquels on fabrique de la toile. Les draps de nos lits, les chemises, les serviettes, les torchons, sont en toile plus ou moins fine. L'ouvrier qui fait de la toile se nomme tisserand.

Robuste tisserand, fais courir ta navette,
Frappe, frappe, muet et seul dans l'ombre assis;
Par l'étroit soupirail un rayon se projette
Et vient dorer le fil tendu sur tes châssis.

Sombre et le dos voûté, fais courir ta navette.
Frappe, frappe! Les fils fixés sur le métier

Se croisent, et bientôt la toile sera faite,
Longue et large à couvrir un arpent tout entier.

Le *lin* est une plante comme le chanvre; elle a de jolies fleurs bleues très délicates. Avec le lin, on fabrique des toiles fines qu'on appelle linon et batiste, et aussi de belles dentelles. La graine de lin donne une huile fort employée en peinture; réduite en farine, elle sert à faire des cataplasmes émollients.

Le lin.

LE COTON.

Le *coton* est une sorte de duvet long et soyeux enveloppant les graines du cotonnier, arbrisseau qui pousse en Afrique, en Amérique et dans les Indes. On fabrique, avec le coton, les perses, les calicots, les indiennes, etc.

On donne le nom de *rouenneries* à une foule de tissus dont la ville de Rouen avait le monopole; elle en produit encore beaucoup ainsi que les filatures de Roubaix, d'Amiens, etc. Pour produire le fil avec lequel on fait les tissus, on se sert aujourd'hui de machines perfectionnées; on l'obtenait autrefois au moyen du fuseau, de la quenouille et du rouet. Les machines sont

bien plus expéditives, elles permettent de produire le fil en très grande quantité. Ainsi rien qu'en Angleterre, il faudrait plus de quatre-vingts millions d'ouvrières pour les remplacer.

Questionnaire. — Qu'appelle-t-on fourrures, duvet, laine? — Où fabrique-t-on des draps? — D'où tire-t-on le chanvre, le lin, le coton? — D'où vient le mot de *rouenneries?*

28. — Une fillette bien attrapée.

La gourmandise est un grand et détestable défaut.

Le gourmand est celui qui continue à manger quand il n'a plus faim, même entre les repas, ou qui veut toujours des fruits, des bonbons, des gâteaux.

Les enfants qui ne mangent que des friandises ont un estomac faible, délicat; ils ne grandissent point, ils ne se fortifient pas, ils sont laids, pâles et maigres.

Au contraire, les enfants qui mangent de la soupe, de la viande et du pain deviennent grands et forts, ils ont des joues fraîches et roses.

Julie est une petite fille très gourmande. Quand sa maman lui donne une tartine de pain et de confitures, elle fait comme les chats; elle lèche le dessus de la tartine et laisse le pain.

Si on lui donne de la viande et des légumes, elle mange la viande et laisse les légumes. Tout cela est fort mal.

Julie mange aussi des fruits qui ne sont pas assez mûrs, et cela peut la rendre malade. Je sais aussi qu'elle cherche quelquefois dans les placards.

Un jour sa maman, qui voulait la guérir de sa

gourmandise, alla au jardin, cueillit un piment et le mit dans la salle à manger.

Julie vient rôder par là comme à son habitude, aperçoit ce joli fruit rouge, et bien vite y porte les dents.  Tout à coup, elle jette un cri; sa mère accourt, et voit sa fille faisant une horrible grimace, crachant par terre en disant : « Ça me brûle la langue, oh! là là! ça me brûle !

— Ah! ah! petite gourmande, dit la maman, te voilà attrapée, cela te servira de leçon. »

Depuis ce jour, Julie n'a plus envie de mordre dans les fruits qu'elle ne connaît pas.

Du reste, cela est très dangereux. Un jour, j'ai vu un pauvre petit garçon à toute extrémité : il avait été séduit par de jolies graines noires qui pendaient à une haie, et il en avait mangé; c'était de la belladone, il faillit en mourir.

Si vous êtes tenté par quelque friandise,
Craignez en succombant de vous faire du mal ;
Un instant de plaisir peut devenir fatal,
Et bientôt la douleur punit la gourmandise.

Questionnaire. — Qu'est-ce qu'être gourmand? — Nommez les inconvénients de la gourmandise sous le rapport de la santé? — Racontez comment, un jour, Julie, a été bien attrapée.

29. — **Papier. Imprimerie.**

Le *papier* se fabrique surtout avec des chiffons de chanvre, de lin et de coton, ou avec du bois.

Les qualités inférieures sont souvent faites avec de la paille et des matières filamenteuses tirées de certains végétaux, comme l'alfa, l'ortie, le genêt, etc.

— C'est incroyable qu'avec de vieux chiffons, des lambeaux de vieux vêtements, on puisse faire du papier si blanc et si beau.

— Et pourtant, cela est, chère enfant. Lorsque les chiffons sont triés, on les met en tas dans de grandes cuves, on les fait bouillir et on les réduit en pâte. On blanchit cette pâte, on la transforme en bouillie claire avec de l'eau, puis on la fait passer sous des rouleaux qui l'aplatissent et la dessèchent.

Le *papyrus*, roseau sur l'écorce duquel les Égyptiens tracèrent les premiers des signes et des caractères, servit de papier aux premiers habitants de la vallée du Nil.

Le *parchemin* est de la peau de mouton ou de chèvre préparée pour écrire.

Qui pourrait dire ce que les écoliers et les écolières barbouillent de papier chaque année et ce qu'on en débite pour les livres et les journaux!

— Est-ce que l'imprimerie a toujours existé?
— Certes, non. Autrefois, les enfants n'avaient

pas le bonheur, comme vous, de posséder des livres pour les instruire et les récréer. Tous les livres s'écrivaient à la main par des copistes, presque toujours des moines et, dès lors, ils étaient rares et chers. C'étaient des bijoux, des curiosités; on les appelait *manuscrits*.

— Et comment fait-on pour imprimer des livres?

—Rien n'est plus simple. Un ouvrier appelé compositeur a devant lui une boîte divisée en compartiments. Dans chacun de ceux-ci, se trouvent un grand nombre de petits lingots de métal, portant en relief une lettre de l'alphabet. Chaque case contient une grande quantité de la même lettre. Alors l'ouvrier

choisit les lettres nécessaires pour former des mots, il dispose les mots en lignes et en pages.

Lorsque la page est préparée, un autre ouvrier passe sur les lettres en relief un rouleau enduit d'une encre noire et grasse qu'on nomme *encre d'imprimerie* et pose sur la page une feuille de papier blanc. Au moyen d'une machine appelée *presse* les lettres se marquent en noir sur le papier. En un instant, la feuille est imprimée, on l'enlève, une autre lui succède, etc.

Gutenberg, né à Mayence, en Allemagne, vers 1400 et mort en 1468, inventa en 1436 les caractères mobiles, ce qui constitue la véritable impression.

Questionnaire. — Avec quoi fabrique-t-on le papier? — Autrefois, sur quoi écrivait-on? — Qu'est-ce que le parchemin? — Comment imprime-t-on les livres? — A qui est-on redevable de l'imprimerie?

30. — La chanson du cordier.

On voit quelquefois dans un endroit un peu écarté des villes, sous les arbres d'une allée, ou le long des murs d'un grand jardin, des ouvriers qui marchent à reculons, en lâchant peu à peu une certaine quantité de brins de chanvre ou de filasse se tordant sous leurs doigts et se formant en fil, par le mouvement continuel que leur donne une roue disposée exprès. Ce sont des cordiers.

Il y a des cordes de toute espèce et de toute grosseur, selon l'usage auquel on les destine. Les plus grosses s'appellent *câbles*, les plus petites *ficelles*.

Celles qui servent dans la marine prennent le nom de *cordages*. — Écoutez la chanson du cordier et vous comprendrez l'utilité de son travail :

> Les gais enfants, au sortir de l'école,
> Pour bien lancer toupie et cerf-volant,
> Demanderont, en offrant leur obole,
> Le cordelet du cordier vigilant :
> Tourne, cordier, ta roue ! et bon courage !
> Roule le chanvre en un léger ouvrage.
>   Pour les enfants, allons,
>   Travaillons, travaillons !
>
> Là-bas, au port, l'audacieux navire
> Ne peut sans toi voguer sur l'Océan.
> Tresse un beau câble où les vents en délire
> Épuiseront leur furieux élan.
> Vite, cordier, reviens à ton ouvrage !
> Au vent du large il faut rude cordage.
>   Pour le navire, allons,
>   Travaillons, travaillons !
>
> Oh ! que de voix réclament ton service !
> « Cordier, il faut soulever le granit !
> — Il faut descendre au sombre précipice !
> — Il faut des mers sonder le profond lit ! »
> Chaque labeur demande un fort cordage :
> Vite, cordier ! allons, vite à l'ouvrage !
>   Pour l'univers, allons,
>   Travaillons, travaillons !

Questionnaire. — En quoi consiste le travail du cordier ? — Dites l'utilité des cordes et nommez-en quelques-unes.

31. — Henriette fait la roue comme un paon.

Il existe des petites filles assez sottes pour tirer vanité de leur figure.

Si par hasard et sans y attacher d'importance, on leur dit qu'elles sont jolies, elles sont dans le ravissement.

Il y a d'autres petites filles encore plus sottes que celles-là, car elles tirent vanité de leurs habits; c'est incroyable, et pourtant c'est vrai.

Supposez, mon enfant, que vous ayez une robe de soie charmante, je vous demande à qui en reviennent l'honneur et les compliments?

N'est-ce pas au petit insecte qui a fait la soie et à l'ouvrier qui a fabriqué le tissu?

Si vous avez une belle plume sur votre chapeau, je comprends que le coq ou l'autruche qui vous l'a fournie puisse être fier; mais pour vous, il n'y a vraiment pas de quoi... Quel mérite avez-vous?

Ah! si vous êtes douce, bonne, obéissante, si vous apprenez bien à lire et à écrire, je vous permets d'être contente de vous, car alors ce ne sont pas vos vêtements qui ont des qualités, c'est vous-même.

Contraste insuffisant
NF Z 43-120-14

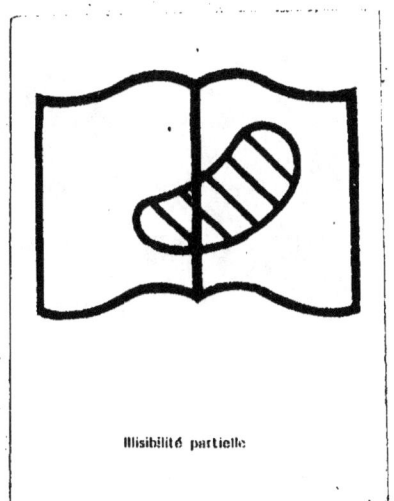

Illisibilité partielle

Valable pour tout ou partie
du document reproduit

Henriette est une petite fille coquette et vaniteuse. Quand elle est dans la rue, elle lève la tête, marche d'une façon ridicule, fait la roue comme un paon et a la sottise de croire que tout le monde s'occupe d'elle et l'admire.

L'autre jour, en se promenant avec sa mère, elle entendit une bonne grosse paysanne qui, en passant près d'elle, dit à demi voix : « Oh ! qu'elle est jolie ! » Aussitôt, Henriette se retourna vers sa mère et lui dit avec un certain orgueil : « Cette femme trouve que je suis jolie!

— Non pas, non pas, répliqua la naïve paysanne, qui avait entendu la phrase de la petite fille, faut pas vous tromper, ma petite *mam'selle*, j'ai dit que votre robe était jolie, ça n'est pas la même chose. Quant à votre figure, elle ressemble à celle de toutes les petites filles. »

Henriette, confuse, n'osa plus lever les yeux tout le temps de la promenade. Elle avait compris la leçon; elle avait honte de sa sotte vanité et se promit bien de ne pas garder un si vilain défaut.

Questionnaire. — Pourquoi un enfant ne doit-il pas tirer vanité ni de sa figure ni de ses vêtements? — Citez la réflexion de la paysanne.

32. — La soie.

La soie, la plus jolie des étoffes, n'est pas produite par une plante comme le lin, le chanvre et le coton, mais bien par un insecte assez laid qu'on appelle ver à soie ou bombyx du mûrier.

Au printemps, lorsque les premières feuilles du mûrier destinées à la nourriture du ver à soie commencent à pousser, on dispose les œufs ou *graines* de ce précieux animal dans des boîtes que l'on maintient à une douce chaleur. Au bout de quelques jours, de petites chenilles noires, ayant à peine deux millimètres de longueur, sortent de l'œuf et se mettent à manger. Les vers, qui restent à l'état de chenille environ un mois, grossissent énormément. Après avoir changé quatre fois de peau, ils deviennent insatiables et mangent en vrais gloutons : les feuilles de mûrier, qu'on renouvelle sans cesse, disparaissent comme par enchantement. Quand plusieurs milliers de vers à soie sont réunis à leur table de festin, on entend un bruit semblable à celui que fait une forte pluie tombant sur les feuilles des arbres ou sur un vitrage.

Mais, sur la terre, bêtes et gens ne doivent pas se contenter de vivre pour manger, il faut aussi travailler. C'est ce que font les vers à soie quand ils ont acquis la grosseur et la force nécessaires. Leur corps devient alors luisant et transparent, leur appetit s'arrête, et, désormais, ils ne mangeront plus.

On leur prépare, à ce moment, de petites branches de bruyère ou de genêt, ils y grimpent et choisissent une place qui leur convient. Le ver, pour asseoir sa demeure, commence  par disposer sur divers points quelques fils d'une soie grossière et solide appelée bourre, puis, se plaçant au centre, il fait encore sortir de sa bouche une espèce de liqueur qui se solidifie à l'air : ce fil, fin et gommeux, n'est autre chose que la soie. C'est alors un travail sans trêve ni merci, que rien n'interrompt jusqu'à ce que le *cocon* soit terminé, ce qui demande sept ou huit jours. Le cocon est fait ordinairement d'un seul fil et n'a pas moins de mille mètres de longueur! Quelle est l'écolière capable d'une patience et d'une ténacité pareilles!

Le ver file sa soie comme l'araignée sa toile; dans les premiers jours, on peut apercevoir le petit ouvrier à travers le tissu qu'il fabrique; mais, bientôt il devient invisible derrière les couches nombreuses et serrées du fil dont il tapisse sa maison.

Le cocon achevé, le ver se repose de son labeur et s'endort dans sa couche moelleuse; pendant son sommeil mystérieux, il subit une métamorphose et devient *chrysalide*. Il reste alors sans mouvement et a une certaine ressemblance avec une fève grisâtre. Environ vingt jours après, la peau de la chrysalide se brise sous les efforts réitérés du prisonnier, et il sort... un papillon !

— Ah ! c'est très drôle cela.

— Mon enfant, dites que c'est merveilleux, le mot sera plus juste.

Le papillon du ver à soie est d'une forme peu gracieuse ; il a les ailes blanches, très courtes et impropres au vol. Il n'est utile qu'à fournir des œufs destinés à éclore l'année suivante, après quoi il meurt.

Mais la plupart des papillons ne sortent pas de leur cocon, on ne leur en laisse pas le temps, car ils détérioreraient la soie, la couperaient et la saliraient. Pour éviter cet inconvénient on expose les cocons à une forte chaleur, et les pauvres papillons sont étouffés dans le nid qu'ils s'étaient construit avec tant de peine. Il ne reste plus qu'à extraire le fil de soie du cocon au moyen du dévidage et du filage. Ces opérations sont faites très habilement par des ouvrières habituées à ce travail délicat.

L'ensemble des opérations qui ont pour objet la culture de la soie s'appelle *sériciculture*, mot assez bizarre comme vous voyez. Le nom de *magnans*, donné aux vers dans bien des endroits, veut dire, il paraît, « les chers petits du ménage, les chéris de la famille. » On appelle *magnaneries* des bâtiments destinés à l'éducation des vers à soie.

C'est surtout sous le règne de Henri IV et par les soins d'Olivier de Serres que l'industrie de la soie a fait des progrès dans notre pays.

La France produit environ six cent mille kilogrammes de soie par an; sa mise en œuvre emploie plus de cent cinquante mille ouvriers et rapporte cinq cent millions de francs.

Vous savez bien, n'est-ce pas, mes petites amies, tout le parti qu'on tire de la soie. Les jolies robes, les vêtements de taffetas, de faille, de velours, de satin, les rubans qui retiennent vos cheveux ou ornent vos coiffures, vos ceintures aux brillantes couleurs, vos ombrelles, vos parapluies, viennent du ver à soie. C'est encore lui qui fournit le ruban de décoration que les papas sont si fiers de porter, et le drapeau national aux trois couleurs, que le soldat défend jusqu'à la mort.

Questionnaire. — Comment appelez-vous l'insecte qui produit la soie? — Racontez les diverses transformations qu'il subit? — Combien le ver à soie met-il de temps pour filer son cocon? — A quelle époque l'industrie de la soie a-t-elle pris un grand essor en France? — Nommez les étoffes qu'on fabrique avec la soie.

33. — Prenez garde!

Quel est ce bruit? Entendez-vous? Pif! paf! Patatras! Pan! pan! Qu'y a-t-il donc? Pas grand'-chose : c'est Mlle Rose qui est en colère!

Rose est toute petite, à peine haute comme la botte du petit Poucet, et elle se met dans de grandes, grandes colères...

Si ce n'était pas toujours triste de voir un enfant méchant, on aurait envie de rire quand Rose se fâche. Pour un rien, elle jette des cris perçants; elle frappe du pied, ferme les poings, renverse les chaises et se fait des yeux... féroces.

Si durant un de ces accès vous voulez lui parler, elle vous repousse en disant : Laissez-moi... laissez-moi... Ou bien elle grogne à la manière des chiens qui rongent un os qu'on veut leur enlever.

Pour un petit garçon, se mettre en colère est très vilain; mais pour une petite fille, c'est ridicule et impardonnable. Les figures des petites filles ne sont pas faites pour devenir aussi laides et aussi affreuses que celles qu'on a dans la colère.

Un homme en grande colère ne sait plus ni ce qu'il dit ni ce qu'il fait ; il est capable de tous les excès. On dirait à le voir qu'il est atteint de la fièvre chaude ; on le plaint, mais on le fuit, car il est effrayant.

A votre âge, j'avais la mauvaise habitude de me fâcher à tout propos ; voici ce qui m'a corrigée.

Un jour, je jouais dans la chambre de maman avec mon petit frère Henri. Il ne veut pas me donner mon ballon, je veux le lui prendre, il me résiste, cela m'irrite et je le pousse alors avec tant de force qu'il va frapper du front contre le marbre d'une table de toilette.

Le pauvre Henri jette un cri et tombe sans connaissance ; il s'était fait un mal horrible contre l'encoignure de la table, et le sang jaillissait de sa blessure.

Maman accourt ; elle lui donne à respirer des sels, du vinaigre et a bien de la peine à le faire revenir à lui. Pendant ce temps, j'étais dans un coin de la chambre, pâle comme une morte. Je tremblais tellement, j'avais un air si peiné, si malheureux, que maman eut pitié de moi ; elle se contenta de me regarder et ne me gronda pas...

Ai-je besoin de vous dire, mes chères petites, que depuis cet accident, je ne me suis plus mise en colère? Suivez ce bon exemple, et devenez douces comme... des agneaux!

Questionnaire. — Tracez le portrait de Rose quand elle est en colère. — Pourquoi faut-il éviter ce défaut? — Quel accident amené par la colère est-il arrivé au petit Henri?

34. — Asinette.

L'homme est né pour travailler comme l'oiseau pour voler. Celui qui ne travaille pas est un lâche.

L'enfant paresseux est un fardeau pour les autres et pour lui-même; il ne fait rien du matin au soir : il tue le temps, regarde les mouches voler, bâille et s'ennuie. Il n'apprend pas à lire, à écrire, à compter, cela lui donnerait trop de peine! Il aime mieux rester ignorant, être toujours le dernier de sa division, mécontenter ses maîtres et affliger ses parents.

Ce matin, je voyais une mère qui me disait en soupirant : « Mon Dieu, que je suis malheureuse d'avoir une fille si nonchalante, elle apprendrait si bien si elle voulait! » Si elle voulait! mais les paresseux ne veulent jamais.

Il est une petite fille qui connaît à peine ses lettres, quoique depuis longtemps on s'y prenne de toutes les manières pour les lui faire apprendre. Cette vilaine que nous appellerons *Asinette*, surnom qu'elle s'est acquis par son ignorance et sa paresse, ne sait pas lire deux syllabes de suite. Ce n'est pourtant pas faute de livres de lecture.

Les intéressantes gravures qui ornent ses livres, l'intérêt que devraient lui inspirer les historiettes dont chaque page est remplie, l'espoir des récompenses, la crainte des châtiments, rien au monde n'a pu la décider à triompher de son indolence.

Si quelquefois on lui reproche de ne rien apprendre : « Dame! moi, ça m'ennuie, » dit-elle ; en effet, mademoiselle bâille sur son livre, et n'en sait pas plus après l'avoir feuilleté d'un bout à l'autre.

Bref, voilà deux ans que dure ce train de vie, et, pour peu que cela continue, Asinette, qui a déjà sept ans accomplis, n'a pas, en grandissant, d'autre perspective que celle de devenir..... grande ânesse!

Le grand frère d'Asinette, chaque fois qu'il passe à côté d'elle, met les mains à ses oreilles pour lui montrer qu'elle les a longues comme ça... et qu'elle mérite le nom qu'on lui a donné.

C'est moi qui ne voudrais pas être à sa place!

Questionnaire. — Pourquoi devons-nous travailler ? — Quels sont les tristes effets de la paresse ?

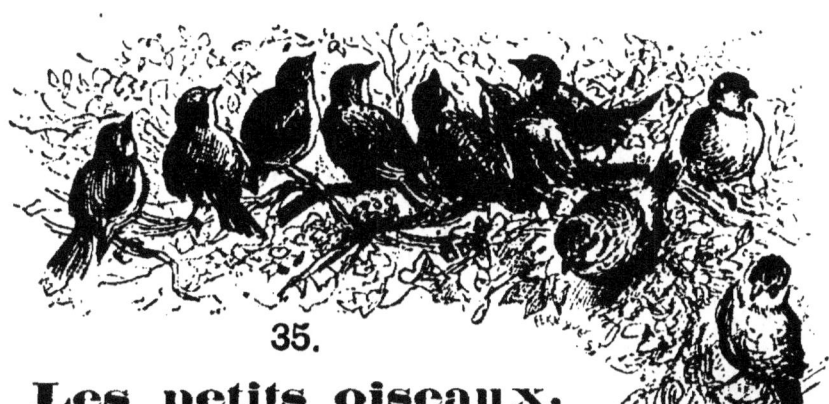

35.
Les petits oiseaux.

Qu'ils sont gentils les petits oiseaux! Ils charment nos yeux par leur brillant plumage et nos oreilles par leur douce musique. Mais les oiseaux ne se contentent pas de nous plaire, de nous être agréables, ils sont encore pour nous de la plus grande utilité; ils protègent nos vergers et nos champs; sans eux, nos récoltes, nos fruits délicieux seraient dévorés en partie par les insectes. Ah! venez, charmants petits oiseaux, ne craignez rien : bien loin de vous détruire, nous vous protégerons; venez égayer nos demeures et par vos joyeuses ritournelles, peuplez notre solitude, adoucissez nos souffrances, chassez, pour un moment du moins, nos chagrins et nos ennuis.

> Chantez près des palais : le luxe et la mollesse
>   Souvent sont oublieux;
> Faites-les souvenir qu'on chasse la tristesse
>   En faisant des heureux.

Mais votre air favori, qu'il soit à l'humble fille,
Vivant au jour le jour,
Esclave du devoir, fidèle à son aiguille,
Et qu'on blâme en retour !

Allez-vous-en partout, tribu mille fois chère,
Aimables compagnons,
A tout ce qui languit, chérit, murmure, espère,
Prodiguer vos chansons.

Pépiez, voltigez des lambris aux mansardes,
Vous serez bienvenus,
Et, si d'un affligé vous êtes les seuls bardes,
Ne vous envolez plus !...

Questionnaire. — Pourquoi aimons-nous les oiseaux ? — Quelle est leur utilité ? — Si vos petits frères voulaient dénicher des oiseaux, que leur diriez-vous pour les en empêcher ?

36. — Les nids des oiseaux.

L'autre jour, en me promenant dans mon jardin, j'ai entendu de tout petits cris qui partaient d'un arbuste ; je me suis avancée et j'ai trouvé, caché sous les feuilles, un nid contenant cinq petits chardonnerets. A mon approche la mère s'est envolée et j'ai pu voir les cinq affamés ouvrant démesurément leur bec bordé de jaune, en faisant : *Kui! kui!*

Pour rassurer la mère qui poussait des cris de détresse je suis partie, la laissant à ses devoirs.

Aujourd'hui, les petits ne sont plus dans leur nid : quand ils ont senti leurs ailes assez fortes ils l'ont quitté pour toujours, les ingrats ! Ce nid, le voici, admirez-le : quelle délicatesse dans la structure, quelle ingéniosité, quelle adresse chez l'ouvrier ! Les  débris de toute sorte, le crin, la mousse, le brin d'herbe, les fétus de paille, les longs filaments des végétaux, voilà les matériaux qui ont servi à construire l'édifice. Tout a été combiné avec prudence, exécuté avec soin. L'oiseau, sans autre outil que son bec et ses pattes, est parvenu à enchevêtrer les branches flexibles, à les nouer pour ainsi dire et à donner à son œuvre une solidité à toute épreuve. Que l'orage survienne, que le vent souffle, le nid ne craint rien, et les petits, sous les ailes de leur mère, reposent paisiblement à l'abri de tout danger.

Pour construire son nid et faciliter l'éclosion des œufs qu'il y a déposés, l'oiseau le plus sauvage, prend de nouvelles habitudes. Il vivait léger et insouciant, sous la claire feuillée, content du grain de mil trouvé,  et voilà que pour sa jeune couvée, devenue son bien le plus précieux, il renonce à ses goûts, à sa liberté. Lui, dont le vol aérien n'avait pas de limite, dont les chants cadencés commençaient à l'aurore pour ne finir qu'au coucher du soleil, il demeure des semaines entières, muet et immobile pour mener à bonne fin le doux mystère du nid.

Que ces détails, chère petite, reportent votre pensée vers vos parents et vous les fassent aimer davantage. Vous aussi, à votre arrivée sur la terre, vous avez trouvé un doux nid pour vous recevoir, et, depuis ce moment, votre père et votre mère n'ont cessé de vous entourer de soins et de tendresse. Pour leur plaire, travaillez bien, soyez docile et rappelez-vous que vous ne leur témoignerez jamais assez de reconnaissance.

Questionnaire. — Qu'est-ce qui entre dans la construction des nids? — En voyant combien le père et la mère des petits oiseaux se donnent de peine, quelles réflexions doivent faire les enfants?

37. — Deux sœurs qui ne se ressemblent guère.

Je connais deux petites sœurs, Clotilde et Camille, dont l'une est dépensière et l'autre économe.

Si Clotilde reçoit quelque argent, elle court vite acheter des friandises et les croque aussitôt; bientôt il ne lui reste plus rien.

Camille, au contraire, garde son argent et le met dans sa bourse pour s'en servir au besoin.

Un jour, les deux sœurs rencontrèrent à la promenade une pauvre femme très malheureuse, qui avait près d'elle trois enfants en guenilles; ils lui demandaient du pain en pleurant et la pauvre mère ne pouvait leur en donner : c'était navrant !

Camille prit son porte-monnaie et donna une jolie pièce de cinquante centimes à la pauvresse en lui disant : « A présent, ma bonne dame, allez vite chez le boulanger. »

Clotilde ne put rien donner, elle n'avait pas un sou; elle dit à sa sœur d'un air un peu piqué :

« Tu es bien heureuse, toi, d'avoir toujours de l'argent. — Si tu n'avais pas inutilement dépensé le tien, répondit Camille, tu aurais eu la joie de pouvoir soulager cette pauvre femme, et comme moi tu serais heureuse. »

Camille avait raison. Dans la vie, quand on est travailleur et économe, on ne manque jamais de rien et l'on peut encore donner aux autres — chose bien douce !

L'argent est précieux, il est difficile à gagner : le gaspiller et le dépenser sans nécessité à des bagatelles, c'est nous exposer presque sûrement à de cruels regrets.

Épargnez, épargnez, c'est par l'économie
Qu'un petit sou se change en un beau louis d'or.
C'est ainsi, mon enfant, qu'à la fin de la vie
Vous pourrez posséder un modeste trésor.

Mlle Onésime VIEUGUÉ

Questionnaire. — Que faisaient les deux sœurs ? — Qui rencontrèrent-elles, et qu'arriva-t-il ? — Quels sont les avantages de l'économie ? — Que faut-il faire pour ne pas manquer d'argent ?

38. — Le corps humain.

Vous trouvez, n'est-ce pas mon enfant, qu'il y a de bien belles choses dans le monde, et vos yeux étonnés admirent souvent les merveilles qui y sont semées. Eh bien! savez-vous quel est l'être le plus parfait de la création, la créature la plus merveilleuse? C'est l'homme.

La structure de notre corps est vraiment admirable, toutes ses parties sont arrangées et disposées de manière à être propres aux usages pour lesquels elles ont été faites.

Les facultés par lesquelles l'homme reçoit l'impression des objets extérieurs s'appellent sens. Il y en a cinq : la vue, l'ouïe, l'odorat, le goût et le toucher.

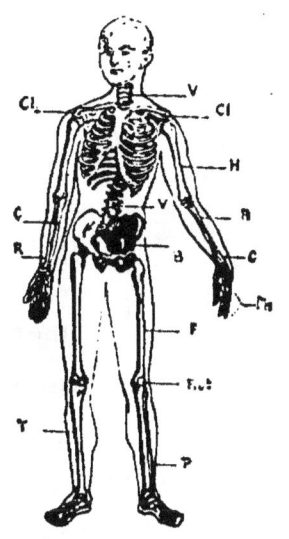

V, la colonne vertébrale. — Cl, la clavicule. — H, l'huméruz. — R, le radius. — C, le cubitus. — Ph, les phalanges. — B, le bassin. — F, le fémur. — Rot, la rotule. — T, le tibia. — P, le péroné.

La *vue* est la faculté de voir les objets; ce sont les yeux qui sont les organes de la vue. C'est avec ses yeux qu'un petit enfant regarde chaque matin sa mère, quand celle-ci, épiant son réveil, lui sourit et lui tend les bras.

A, les sourcils. — B, les cils. — C, les paupières. — D, la prunelle. — E, l'iris. — E, la cornée.

C'est avec nos yeux que nous assistons aux phénomènes de la nature, aux transformations successives de la terre se couvrant de fleurs au printemps, de moissons à l'été et de fruits à l'automne. C'est enfin avec nos yeux que nous admirons le soleil qui nous réchauffe et nous éclaire, la lune qui prête à la nuit sa douce clarté, les étoiles sans nombre qui brillent au firmament.

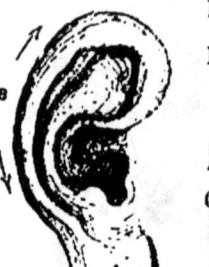

A, le lobe. — B, le pavillon.

L'*ouïe* est le sens par lequel on perçoit les sons et ce sont nos oreilles qui en sont les organes.

Il y a des personnes qui entendent difficilement ou même qui n'entendent pas du tout; on dit alors qu'elles sont sourdes.

Les sourds ne peuvent jouir du gazouillis des oiseaux sous la feuillée, du murmure des ruisseaux à travers la prairie, du son des instruments de musique qui ravissent par leur douce harmonie.

Il y a malheureusement beaucoup de sourds-muets sur la terre. Ces infortunés ne peuvent ni entendre, ni parler. Ainsi, jamais un sourd-muet n'a entendu la voix de sa mère, et jamais il ne lui a adressé ce mot charmant des bébés : maman!

Pourtant, de nos jours, les sourds-muets sont parvenus par la simple observation du mouvement de la langue et des lèvres à articuler des mots et des phrases.

C'est un progrès réel car, anciennement, ils ne

pouvaient se communiquer leurs pensées qu'au moyen d'un alphabet de signes inventé par l'abbé de l'Épée, le premier homme qui se soit intéressé à leur sort.

L'*odorat* est le sens qui reçoit les odeurs, il a le nez pour organe. Il nous prévient des mauvaises exhalaisons qui pourraient nuire à notre santé. Quelle fête pour lui quand, nous promenant dans un beau parterre, il respire les suaves parfums des fleurs!

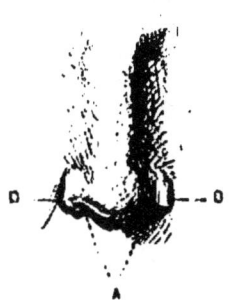

A, les narines. — B, les ailes.

Le *goût* est le sens qui nous fait distinguer les saveurs; il réside dans la langue et dans le palais. C'est le goût qui fait faire la grimace aux enfants quand on leur donne à prendre une médecine amère; c'est le goût qui les rend joyeux quand ils mangent des bonbons et du chocolat, ou des fraises parfumées, ou des poires douces et juteuses.

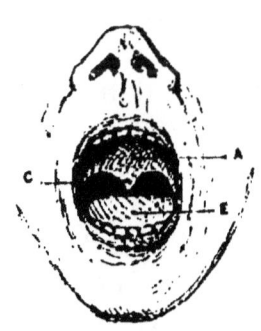

A, le palais. — C, la luette. E, la langue.

Le *toucher* est le sens par lequel on connaît, on juge les qualités palpables des corps. C'est par le toucher que nous savons si un corps est dur ou mou, froid ou chaud, sec ou humide. Pour les pauvres aveugles, le toucher remplace la vue dans une certaine mesure et ce sens acquiert chez eux une grande perfection.

Ainsi, ils lisent... avec leurs doigts, une écriture en points, lesquels sont en relief sur du papier un peu épais. Ils écrivent de la même manière. Pour nous, en certaines circonstances, dans l'obscurité par exemple, le toucher supplée un peu la vue et nous permet de désigner les objets qui tombent sous la main.

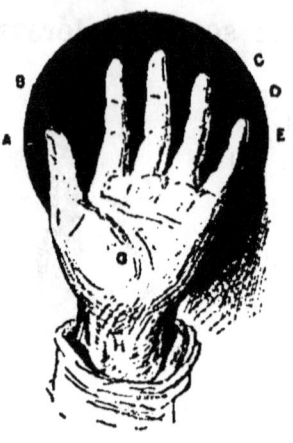

A, le pouce. — B, l'index. — C, le majeur ou médius. — D, l'annulaire. — E, l'auriculaire. — G, la paume. — H, le poignet.

Questionnaire. — Quel est l'être le plus parfait de la création ? — Qu'appelle-t-on *sens* ? — Combien y en a-t-il ? — Dites ce que sont pour nous la vue, l'ouïe, l'odorat, le goût et le toucher.

39. — La Respiration.

— Ma petite Marie, qu'arriverait-il si l'on vous empêchait de respirer?

— Je crois bien que je mourrais.

— Mais oui, chère enfant, vous mourriez bien vite, car on ne peut vivre sans respirer. La respiration commence à notre naissance et elle se termine par notre dernier soupir, à la mort. La *respiration* se compose de deux mouvements distincts : l'*inspiration*, qui fait entrer l'air dans nos poumons par le nez et la bouche, et l'*expiration*, qui est le mouvement contraire. Il rejette la plus grande partie de l'air aspiré après que celui-ci a exercé son action vivifiante.

LA RESPIRATION.

Les mouvements de la respiration ressemblent à un soufflet qu'on enfle et que l'on comprime alternativement. Ainsi, pendant l'inspiration, les côtes se soulèvent, notre poitrine s'élargit ; pendant l'expiration, les côtes s'affaissent, la poitrine diminue. Il paraît qu'à chaque inspiration il s'introduit environ un demi-litre d'air dans nos poumons, soit 13 litres par minute ou 19,000 litres par jour. Nos

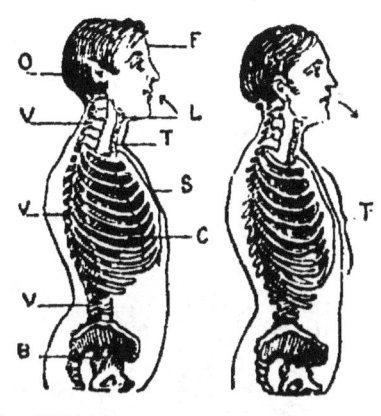

INSPIRATION — EXPIRATION
F, l'os frontal. — O, l'os occipital. — L, le larynx. — V, la colonne vertébrale. — T, la trachée-artère. — S, le sternum. — C, les côtes. — B, le bassin. — T, le thorax.

poumons se remplissent d'air comme une éponge s'imbibe d'eau. L'air que nous aspirons est sain, celui que notre poumon rejette est très différent, il est vicié.

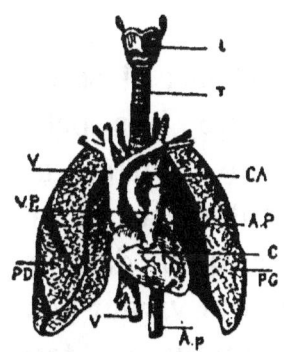

L, le larynx. — T, la trachée-artère. — V, la veine artère. — CA, la crosse de l'aorte. — VP, la veine pulmonaire. — AP, l'artère pulmonaire. — C, le cœur. — PD, le poumon droit (trois lobes). — PG, le poumon gauche (deux lobes). — Ap, l'aorte prolongée.

L'air se compose de deux gaz, l'*oxygène*, qui est indispensable à la respiration, l'*azote*, qui tempère l'activité trop grande de l'oxygène. Il renferme 21 parties d'oxygène et 79 d'azote. Rappelez-vous ces deux mots quoiqu'ils vous paraissent bien bizarres, on vous en reparlera longuement plus tard.

Le sang garde de l'oxygène et rejette de l'*acide*

carbonique, qui est expulsé en même temps que l'azote par l'expiration.

— Qu'appelle-t-on acide carbonique ?

— C'est le gaz qui se produit quand on brûle du charbon. Tous les corps vivants renferment une grande quantité de charbon. L'oxygène introduit

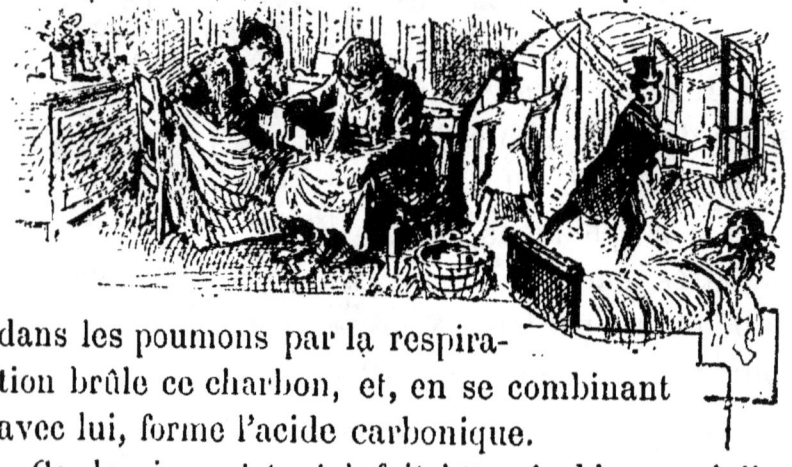

dans les poumons par la respiration brûle ce charbon, et, en se combinant avec lui, forme l'acide carbonique.

Ce dernier est tout à fait irrespirable ; et si l'on restait longtemps dans une chambre très petite renfermant beaucoup de monde, on mourrait asphyxié. Pour se bien porter, il faut vivre au milieu d'un air sain et pur ; voilà pourquoi, dans les grandes villes, les enfants pauvres, qui vivent dans de misérables réduits, sont pâles et malingres, tandis que les petits campagnards, qui vivent en plein air, ont des joues roses et rebondies.

Questionnaire. — Comment s'opère la respiration ? — L'air qui sort de notre poitrine est-il semblable à celui qui y entre ? — De quoi se compose l'air ? — Qu'appelle-t-on oxygène, azote et acide carbonique ? — Pour se bien porter quel air faut-il respirer ?

40. — L'Alimentation.

Pour vivre, ce n'est pas assez de respirer à chaque minute des bouffées d'air nouveau, il faut encore manger et boire plusieurs fois par jour.

Lorsque nous avons faim, nous mettons des aliments dans notre bouche et nos dents les triturent à l'aide de la mâchoire, cela s'appelle la *mastication*.

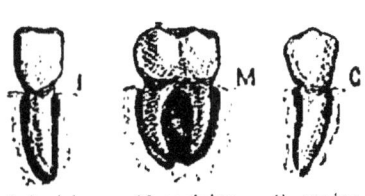
I, incisive. — M, molaire. — C, canine.

Les dents n'ont pas toutes la même forme parce qu'elles n'ont pas toutes le même usage. Plusieurs sont tranchantes, ce sont les *incisives*, quelques-unes sont pointues, ce sont les *canines*, d'autres sont larges et plates, ce sont les *molaires*.

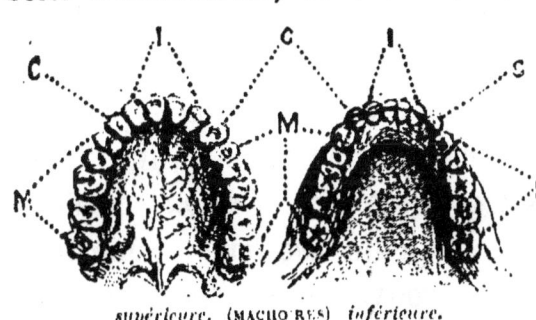
supérieure. (MACHOIRES) inférieure.
I, incisives. — C, canines. — M, molaires.

— Combien a-t-on de dents ?

— On a vingt dents jusqu'à l'âge de sept ans environ, plus tard, on en a trente-deux. Chaque mâchoire contient quatre incisives, deux canines et dix molaires, soit seize pour la mâchoire complète.

Quand les aliments sont bien broyés, écrasés, pénétrés de salive, la langue les ramasse, en fait une boule, les pousse dans un canal appelé *œsophage* qui les conduit dans l'estomac.

— L'estomac est donc bien grand pour pouvoir contenir tout ce qu'on lui donne?

— L'*estomac* est une espèce de sac qui peut avoir deux litres de capacité. Les aliments arrivés dans l'estomac sont décomposés par un liquide qu'on nomme *suc gastrique*, et c'est à ce moment que le travail de la *digestion* commence. Cette digestion est plus ou moins facile suivant les estomacs, la bonté et le genre des aliments.

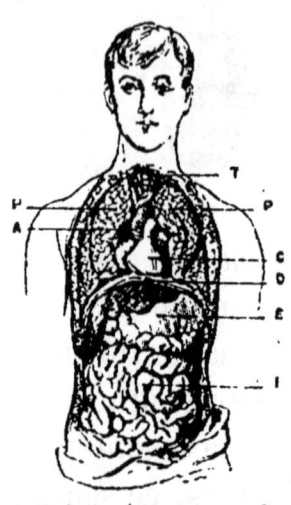

T, la trachée-artère. — P, les poumons. — A, l'aorte. — C, le cœur. — D, le diaphragme. — E, l'estomac. — I, les intestins.

Les aliments sous l'influence de la salive et du suc gastrique se transforment en une pâte liquide appelée *chyme* et passent de l'estomac dans les intestins.

C'est alors que s'accomplit la *nutrition*, c'est-à-dire la fonction par laquelle les sucs pénètrent dans notre sang, sont convertis en chair, servent en un mot à nous nourrir.

L'alimentation doit varier selon les saisons, les pays qu'on habite, l'âge et les tempéraments. En général, il est bon de varier les aliments, l'estomac se fatigue d'une nourriture toujours pareille. C'est là le talent d'une bonne ménagère.

Pour se bien porter, un enfant doit manger tout ce que sa maman lui donne, et ne pas préférer les confitures à la soupe et le gâteau au pain. Il doit encore ne pas manger de fruits verts et ne rien prendre entre ses repas. Les gourmands se perdent l'estomac et se donnent des indigestions.

En général, il est prudent de ne manger que lorsqu'on a faim, quand l'appétit est ouvert, à des heures réglées, et toujours modérément.

Questionnaire. — Qu'appelle-t-on mastication? — Combien distingue-t-on de sortes de dents? — Combien avons-nous de dents avant sept ans et après cet âge? — Que deviennent les aliments quand ils ont subi la mastication? — En quoi consiste une bonne alimentation? — Que doit faire un enfant pour se bien porter?

41. — Les deux diamants.

Deux diamants de même grosseur se trouvaient

sur la tablette d'un bijoutier, et toutes les personnes qui venaient faire des emplettes regardaient l'un, l'admiraient, et dédaignaient l'autre.

Un jour, le diamant dédaigné dit à son compagnon dans son naïf langage : « Nous sommes sortis tous les deux de la même carrière, nous avons le même poids et la même nature, comment se fait-il qu'on ne fasse nulle attention à moi, tandis que tu attires tous les regards,

que l'on te prise et que l'on t'admire ?

— C'est, répondit le diamant interpellé, que j'ai été taillé et poli par le lapidaire, tandis que toi tu es raboteux et terne ; toute la différence entre nous vient de là. »

On peut dire qu'il en est des enfants comme des diamants. Lorsqu'un enfant est bien élevé et instruit, on aime à le voir, à s'entretenir avec lui. Mais il n'en est pas de même d'un enfant grossier, ignorant et mal élevé ; celui-là déplaît, on le dédaigne et on le fuit. Et si ces deux enfants étaient frères, jamais on ne pourrait le croire, tant l'éducation et l'instruction mettent de différence entre le premier et le second.

Laissez-vous façonner, mes amies, c'est-à-dire écoutez les bons conseils, les leçons qu'on vous donne ; instruisez-vous, soyez gracieuses, aimables, et tout le monde vous aimera.

Questionnaire. — Pourquoi regardait-on un diamant et dédaignait-on l'autre ? — Pour quelle raison manifeste-t-on des préférences pour certains enfants plutôt que pour d'autres ?

42. — Pauvres petits, ils n'entendent plus!

Il y avait une fois, dans la cour d'une ferme, une mère poule entourée de ses poussins.

Elle grattait de la paille, et quand elle trouvait du grain, elle criait : ko ko ko! ko ko ko! et aussitôt les poulets d'accourir.

Lorsqu'ils avaient bien mangé, elle les menait à la promenade. Elle était fière d'avoir une famille si belle et si nombreuse; il faut dire qu'on aurait pu l'être à moins, car ses petits étaient vraiment très gentils. Quelques-uns avaient déjà de jolies petites crêtes rouges, c'étaient les coqs; les poulettes avaient de charmantes plumes nuancées.

Un jour, la mère poule mena ses poussins dans un champ voisin, à l'ombre sous un chêne; elle leur trouva même des vermisseaux qu'ils mangèrent avec avidité.

Ils restèrent quelque temps à se reposer, puis bientôt ils s'éloignèrent malgré la défense de leur mère, qui leur disait en son langage : « Restez toujours près de moi ; ne vous en allez pas. »

Les imprudents n'écoutent point. Les petits coqs partent d'abord, les poulettes ensuite. La mère croit qu'ils ne vont pas loin et ne s'en préoccupe pas trop ; elle met sa tête sous son aile et s'endort. Mais, à la fin, elle se réveille, elle s'inquiète, elle les appelle : ko ko ko ! ko ko ko !

Hélas ! rien ne répond à ses cris. Elle répète de plus belle : ko ko ko ! ko ko ko ! ko ko ko ! Mais les pauvres petits n'entendaient plus.

Savez-vous ce qui était arrivé ? un grand malheur ! Les petits poulets avaient couru, couru comme des étourdis ; ils étaient entrés dans un bois, et là un renard les ayant rencontrés, n'avait fait qu'une bouchée des poussins. Oui, le cruel, il les avait tous dévorés.

Voilà pourtant ce que produit la désobéissance ; il arrive toujours malheur aux enfants qui n'écoutent pas leur mère et qui s'éloignent d'elle.

La pauvre poule, si heureuse en partant, revint toute seule et bien triste à son perchoir.

Questionnaire. — Qu'est-il arrivé aux poussins qui s'étaient éloignés de leur mère ? — Quelle morale les enfants doivent-ils tirer de cette histoire ?

43. — Découverte de la vaccine.

Autrefois, il n'y a pas encore bien longtemps, la mère qui tenait sur ses bras un petit ange au visage frais et rose se disait souvent avec anxiété : « Hélas ! faudra-t-il que cette charmante figure devienne méconnaissable, que ces traits si fins, si réguliers disparaissent un jour ! » Puis, elle ajoutait tout bas : « Mon Dieu, conservez-moi mon enfant, comme il est aujourd'hui, tel que vous me l'avez donné !... »

En murmurant cette prière elle pensait à une maladie affreuse, effroi des familles, désespoir des mères, fléau sans pitié et sans mesure : la *petite vérole*, mal terrible qui laisse les traces les plus hideuses chez ceux dont elle épargne les jours.

Un célèbre médecin anglais, nommé Jenner, appelé souvent pour donner ses soins à des personnes atteintes de cette dangereuse maladie, cherchait depuis longtemps les moyens de la combattre sans pouvoir arriver à aucun résultat, lorsqu'un jour le hasard lui fit rencontrer une bonne femme qui lui dit n'avoir rien à craindre de la petite vérole.

« Comment cela? demanda le docteur étonné.

— Rien de plus simple, répondit la vieille : Si en trayant les vaches, qui ont souvent au pis des boutons en grand nombre, le liquide contenu dans ces boutons s'introduit dans nos mains et nous fait contracter des pustules (petites tumeurs qui suppurent à leur sommet), j'ai remarqué qu'alors nous sommes à l'abri de la petite vérole. »

Cette phrase fut un trait de lumière pour Jenner ; il s'en alla chez lui tout préoccupé et ne pensa plus qu'à vérifier le fait, à en faire l'application.

Après vingt années d'un travail assidu, après de nombreuses expériences et de minutieuses recherches, son zèle fut récompensé par le plus éclatant succès, et il put faire bénéficier ses compatriotes d'abord, puis les étrangers, de sa précieuse découverte.

Les gouvernements protégèrent la vaccine ; les médecins mirent le plus grand zèle à sa propagation, et bientôt des milliers d'hommes furent arrachés à une mort inévitable. Aujourd'hui, la vaccine est pratiquée dans l'univers entier, chez tous les peuples civilisés.

Vacciner c'est faire de légères piqûres, au bras le

plus souvent, et y introduire un peu de *vaccin*, c'est-à-dire un peu de liquide contenu dans les boutons qui se développent au pis des vaches.

Les enfants qu'on vaccine s'en aperçoivent à peine ; certains bébés qu'on amuse ne cessent pas de rire durant l'opération, d'autres jettent de petits cris, étouffés aussitôt sous les baisers de leur mère.

Si vous regardez vos bras, mes chères mignonnes, vous y verrez de petites cicatrices prouvant que vous avez été vaccinées. De nos jours, beaucoup de médecins assurent qu'il est prudent de recommencer l'opération tous les dix ans.

Que de reconnaissance ne devons-nous pas à celui qui est parvenu à délivrer le genre humain d'un si grand fléau !

Jenner était simple dans ses goûts et dépourvu d'ambition. Je me trompe, il en avait une, la plus belle de toutes : celle d'être utile à ses semblables.

Ce bienfaiteur de l'humanité mourut en 1823, âgé de soixante-quatorze ans.

Questionnaire. — Quelle est la maladie qui, autrefois, faisait le désespoir des mères? — Racontez comment Jenner a été amené à découvrir le remède de cette terrible maladie. — Qu'est-ce qu'on entend par vacciner? — En quelle année Jenner est-il mort?

44. — La petite pleurnicheuse.

Si vous voulez être heureuse, ma petite fille, si vous voulez que tout le monde vous aime, ayez un bon caractère. Ayez l'humeur toujours égale, c'est-à-dire ne soyez pas tantôt gaie et aimable, tantôt ennuyée et maussade. Ne soyez pas non plus susceptible. Ne faites pas la moue pour une chiquenaude et ne pleurez pas pour un rien.

On ne doit pleurer que lorsqu'on a commis une faute, lorsqu'on a fait de la peine à ses parents; c'est la preuve qu'on en éprouve du regret.

Mais, verser des larmes à tout propos comme Pauline, c'est très sot et très ridicule.

Pauline a le vilain défaut de pleurnicher sans cesse, et vraiment c'est dommage, car, sans cela, elle serait assez gentille.

Figurez-vous que si on l'appelle d'une voix un peu forte, aussitôt ce sont des ruisseaux de larmes.

Si on la gronde, c'est un torrent de pleurs. Si on lui dit: pourquoi as-tu fait cela? c'est une borne-fontaine, une véritable inondation. Si on lui fait remarquer qu'elle se tient mal, ce sont des hi! hi! hi! sans fin. Si on la punit, oh! ma foi, alors c'est un véritable déluge. Vous conviendrez, n'est-ce pas, que c'est une chose insupportable; et puis, ce n'est pas tout, c'est qu'à pleurer ainsi elle se décompose la figure, se contracte les traits, se fait rougir les yeux comme ceux d'un petit lapin blanc. Si elle continue, elle deviendra un jour fort laide.

Soyez, mes chers enfants, toujours de bonne humeur :
La gaité fait du bien et donne du courage.
L'enfant toujours joyeux fait aisément l'ouvrage;
Il a bien plus de mal s'il est triste et boudeur.

Questionnaire. — Comment doit être un enfant s'il veut être aimable et aimé? — Qu'arrive-t-il lorsqu'on pleure sans cesse?

45. — Les Aliments.

Un jour, une bonne grand'mère écoutait la conversation de quatre ou cinq écolières parmi lesquelles se trouvaient deux de ses petites-filles. Les ayant entendues parler de grammaire, d'histoire et de géographie, elle leur dit en souriant : « Je vois, mes chères petites, que vous avez étudié déjà bien des sciences; mais laissez-moi à mon tour vous interroger  sur des choses pratiques, usuelles. Voyons, quelle est parmi vous celle qui pourrait me donner des détails sur nos principaux aliments, sur leur origine et sur leur composition?

— Moi, dit Marguerite. Voulez-vous me donner la parole?

— Très volontiers; allez, nous sommes tout oreilles.

— Nous mangeons du pain, de la viande, des fruits, des légumes, etc., et nous assaisonnons les mets avec des condiments.

Le *pain* est fait avec de la farine de blé. Le laboureur sème le blé et le récolte; le meunier met les

grains de blé sous la meule de son moulin qui les réduit en farine. Avec cette farine le boulanger fait le pain, puis le met cuire au four. Quant à la viande, ce sont les animaux qui nous la fournissent.

Le *lait* est cette liqueur blanche d'une saveur douce et agréable qui fait les délices des enfants et... des grandes personnes.

La *crème* est la partie la plus grasse du lait; c'est avec la crème que l'on fait le beurre; elle monte toujours à la surface du lait car elle est plus légère que lui.

Le *beurre* est la substance grasse et onctueuse que l'on retire de la crème. C'est avec le beurre que l'on fait cuire la viande; dans le Midi, on le remplace par la graisse ou l'huile d'olive. Le beurre de Bretagne est renommé, ainsi que celui d'Isigny, en Normandie.

Le *fromage* se fait avec du lait de vache, de

chèvre ou de brebis. Selon les aromates, les matières colorantes que l'on ajoute au fromage et les conditions diverses de fermentation, il se produit des variétés. Les fromages de Gruyère, de Brie, de Marolles, de Roquefort, de Camembert, de Chester, etc., sont renommés.

Canne à sucre.

Le *sucre* que vous aimez tant, mes chères amies, et moi aussi, est extrait de divers végétaux, surtout de la betterave et d'une espèce de roseau appelé canne à sucre. C'est la betterave blanche ou betterave de Silésie qui fournit le jus le plus riche. Le sucre existe aussi tout formé dans la sève de l'érable et dans celle du bouleau. On fabrique du sucre en France, et celui que l'on obtient de la betterave est tout aussi bon et aussi beau que celui qui vient des pays d'outre-mer, lequel est fourni par la canne à sucre.

Betterave.

Le *miel* est une substance sucrée que les abeilles extraient des fleurs. Les miels les plus estimés sont ceux de Narbonne et du Gâtinais, dans le Loiret. En Suisse, les touristes trouvent toujours, quand ils prennent une tasse de café au lait, du miel appétissant dans une soucoupe.

La *semoule* est faite avec du blé choisi que l'on

réduit en granules par une mouture grossière. Le *vermicelle* est une pâte de froment façonnée sous forme de fils plus ou moins déliés. On consomme aussi des pâtes analogues dites *pâtes d'Italie,* telles que le macaroni, les étoiles ou les lettres qu'on met dans le bouillon, etc.

Le *riz* est le grain d'une

Riz.   Manioc.   Cacao.   Café.

plante céréale qu'on cultive dans les terrains humides des pays chauds. Il y a de très belles rizières en Italie. Le riz est le principal aliment des Chinois et des Annamites.

Le *tapioca* se retire de la racine du manioc, arbuste cultivé aux Antilles. On en fait un excellent potage. On vend souvent pour du vrai tapioca des préparations où entre de la fécule de pommes de terre, de maïs, etc.

Le *chocolat* est une pâte composée de cacao et de sucre. Le cacao est l'amande du cacaoyer, arbre d'Amérique.

Le *café* est la graine du caféier, arbre originaire d'Abyssinie et d'Arabie. Les meilleures qualités sont : le bourbon, le moka et le martinique.

THÉ, HUILES.

Le *thé* est un arbrisseau de la Chine ; avec ses feuilles desséchées on fait des infusions. Il y a deux espèces de thés : le thé noir qui est doux et le thé vert qui est âcre et aromatique.

Récolte du thé.

On se sert de plusieurs espèces d'*huiles* pour le service de la table ; mais la meilleure est l'huile d'olive qui est onctueuse et parfumée. Cette huile est fournie par les fruits de l'olivier ; on porte les olives au pressoir, la meule les écrase et l'huile sort.

Olivier.

L'huile d'œillette est tirée de la graine d'une espèce de pavot. On extrait aussi de l'huile des noix et des graines de lin ; la première sert à la préparation des aliments dans certains pays, mais toutes les deux sont surtout employées en peinture et pour l'éclairage.

SEL, ÉPICES, AROMATES.

Le *sel*, sans lequel tous les mets nous paraissent insipides, se retire des eaux de la mer. Il y a aussi

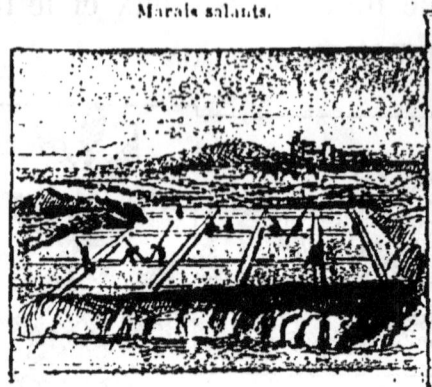
Marais salants.

Sel gemme.

dans la terre du sel à l'état naturel; on l'appelle sel gemme ou sel fossile.

Le *poivre* est la graine d'un arbrisseau appelé poivrier; on réduit les grains en poudre avant de les mettre dans les poivrières.

Poivrier.

Le poivre doit son nom à l'intendant Poivre, qui le fit transporter des Indes orientales à l'île de France, à Cayenne et dans nos autres colonies.

Les fruits d'abord rouges, puis noirs en mûrissant, conservent le nom de poivre noir tant qu'ils ne sont pas dépouillés de leur écorce; après ils deviennent le poivre blanc.

La *moutarde* est une plante à fleurs jaunes dont les petites graines écrasées donnent la moutarde de table. La farine de moutarde est employée aussi en médecine comme sinapisme.

ÉPICES, AROMATES.

La *cannelle* est la partie interne de l'écorce du cannelier, on la recueille sur de jeunes rameaux âgés de trois ans ; la meilleure vient de Ceylan.

Les *clous de girofle* sont les fleurs du giroflier,

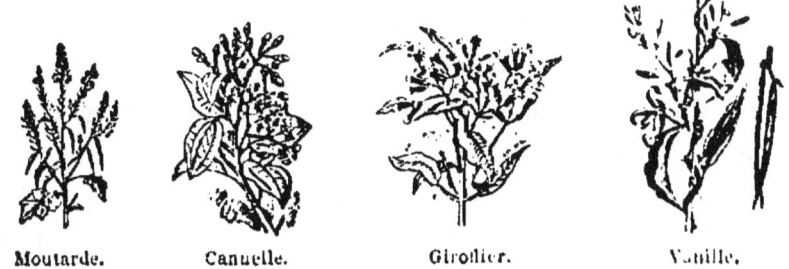

Moutarde.   Cannelle.   Giroflier.   Vanille.

cueillies à l'état de bouton et complètement desséchées ; on les récolte en Amérique.

La *vanille*, dont l'arome est si pénétrant et si agréable, n'est autre chose que la gousse étroite et longue d'une plante cultivée au Mexique, aux Antilles, et appelée vanillier.

— Allons, c'est bien, ma chère petite, vous ne ressemblez pas à certaines personnes de ma connaissance qui passent pour instruites, et ignorent, en quelque sorte, la provenance du pain qu'elles mangent et du vin qu'elles boivent. Je vois qu'il n'en est pas de même de vous ; mes compliments à votre maîtresse, mesdemoiselles. »

Questionnaire. — Qu'est-ce qui entre dans la composition du pain ? — Que fait-on avec le lait ? — D'où tire-t-on la semoule et le vermicelle ? — Qu'est-ce que le riz, le tapioca ? — Avec quoi fabrique-t-on le chocolat, le sucre ? — D'où vient le miel ? — D'où tire-t-on le sel, les diverses sortes d'huile ? — D'où viennent le poivre, la moutarde, la cannelle, les clous de girofle, la vanille, le thé, le café ?

46. — Le Mensonge.

Il ne faut jamais mentir, mon enfant.

Celui qui ment perd la confiance et l'estime de tout le monde. Il devient honteux car on le méprise et il est très malheureux parce qu'on ne veut plus le croire, même quand il dit la vérité. Tel est le triste sort qui échoit toujours aux menteurs, car si habiles qu'ils soient, leurs supercheries finissent toujours par être découvertes. *Mentir*, c'est dire une chose qu'on sait n'être pas vraie. Il y a deux manières de mentir : la première consiste à inventer de toutes pièces une chose qui n'existe pas, c'est le mensonge proprement dit ; la seconde consiste à défigurer un fait vrai par les détails faux

dont on le grossit, c'est l'*exagération*. Je vais donner un exemple de l'une et de l'autre de ces fautes.

La marraine de Léontine lui avait donné pour ses étrennes un joli petit chien, guère plus gros que votre poing, avec une queue en trompette qu'on pouvait tirer à son aise sans crainte d'être mordu, car le caniche était... en carton ! Cela ne l'empêchait pas d'être charmant. Lorsqu'on appuyait la main sur son dos, il ouvrait sa petite gueule, montrait ses dents, remuait la langue et aboyait gentiment : *gniouf! gniouf!*

Un matin, Léontine ne trouve plus Azor à sa place, il avait disparu. Elle le cherche inutilement dans tous les coins et recoins de la maison, demande à son petit frère Arthur s'il ne l'a pas pris. Celui-ci affirme deux ou trois fois de suite qu'il n'y a pas touché, qu'il ne l'a même point vu. Tout le monde en dit autant, et voilà Léontine au désespoir.

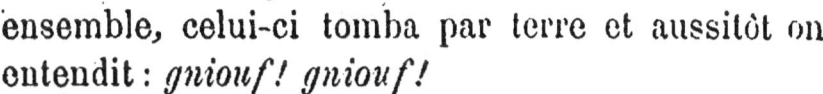

Vers le soir, comme la sœur et le frère jouaient ensemble, celui-ci tomba par terre et aussitôt on entendit : *gniouf! gniouf!*

A la voix si connue de son caniche, Léontine s'écria : « Qu'entends-je? Mais c'est Azor, tu l'as donc sur toi? Où est-il? » Arthur, stupéfait et rouge comme un coquelicot, répondit en baissant la tête : « Oui, c'est ton petit chien, je l'avais caché dans ma poche et en tombant je l'ai fait aboyer. Ma chute a dévoilé ma faute, et j'en suis bien honteux. Pardonne-moi, petite sœur, je ne mentirai plus, jamais! » Arthur tint parole, et depuis ce jour on ne l'a pas entendu faire le plus petit mensonge.

Arrivons maintenant à l'exagération; vous en trouverez un joli exemple dans la fable suivante :

LA CHUTE D'UN GLAND

Au pied d'un chêne et sur un vert gazon
    Se reposait une belette,
Quand un gland détaché par le froid aquilon
    Vient tomber à plomb sur sa tête.
Elle s'éveille, et, tremblante d'effroi,
De ce lieu dangereux s'enfuit à perdre haleine.
Criant au rat des champs qu'elle regarde à peine :
« Là-bas, là-bas, vient de tomber sur moi
    La branche énorme d'un gros chêne. »
    Le rat n'eut garde d'aller voir.
Il dit à deux lapins, broutant sur la colline,
    Qu'un gros chêne venait de choir
    Sur la belette sa voisine.
    Les lapins en le racontant,
Y mêlent des éclairs et le feu du tonnerre.
    Un écureuil qui les entend,
    Y joint un tremblement de terre.
Bref, les faits, les détails, l'un par l'autre appuyés,
S'étaient, le lendemain, si bien multipliés,
    Qu'à trente milles à la ronde
    Tous les animaux effrayés
Dans la chute d'un gland voyaient la fin du monde.

VIENNET.

Questionnaire. — Pourquoi ne faut-il pas mentir ? — Combien y a-t-il de formes de mensonge ? — Racontez l'histoire d'Arthur et d'Azor ; celle du gland et des animaux.

47. — Une gentille couturière.

Germaine aime beaucoup à travailler à l'aiguille et, quand elle n'est pas en classe, on la voit toujours à côté de sa maman, munie de sa boîte à ouvrage. Il y a dedans de tout petits ciseaux, un dé en argent, du fil, des aiguilles de différentes grosseurs et du ruban.

Tantôt Germaine tricote des jarretières pour sa grand'mère, ce qui n'est pas difficile ; tantôt c'est un fichu de laine pour sa poupée, ou bien elle lui fait une robe ou un bonnet. La confection des chapeaux offre plus de difficulté ; aussi elle se contente d'ajouter à chacun d'eux un ruban ou d'y poser une plume. C'est amusant et utile de travailler à l'aiguille. Il faut que les petites filles apprennent de bonne heure à coudre, à marquer, à tricoter. Elles doivent connaître les points de toute sorte et faire au besoin des reprises, des surjets, des coutures.

Germaine, comme je vous le disais tout à l'heure, est adroite déjà comme une couturière. Rien n'est gentil comme de la voir assise sur sa chaise, se servant de ses ciseaux, taillant, coupant son étoffe ou tirant habilement son aiguille. Malheureusement cette enfant a la mauvaise habitude de prendre sa  bouche pour une pelote, et de tenir entre ses lèvres une aiguille dont elle n'a plus besoin ou une épingle qui doit lui servir à attacher son ouvrage. Savez-vous ce qui lui arriva l'autre jour?

Germaine avait une épingle dans sa bouche quand son frère arriva près d'elle comme un ouragan, et lui demanda je ne sais plus quoi. Germaine lui répondit sans penser à ôter l'épingle, qui s'enfonça dans la gorge de la petite imprudente. La pauvre enfant appella à son secours; son père, qui est médecin, accourut, et à l'aide d'une pince, qu'il porte toujours sur lui, il put arracher l'épingle, mais non sans peine et sans avoir fait beaucoup souffrir la pauvre Germaine. Elle avait la bouche remplie de sang et la plaie mit au moins quinze jours à se cicatriser...

Si l'épingle avait été un peu plus avant dans la gorge, Germaine en ce moment n'existerait peut-être plus. On tremble en pensant à un pareil malheur.

Questionnaire. — Que doit contenir une boîte à ouvrage? — Quels sont les petits travaux à l'aiguille que fait déjà Germaine? — Quel accident lui est-il arrivé? — Quel profit doit-on tirer de cette histoire?

CHANSON DE PRINTEMPS

PAROLES
de
Georges HAURIGOT.

MUSIQUE
de
Claude AUGÉ.

Les hôtes des prés et des bois
Mènent ce matin grand tapage;
En l'honneur de qui ce ramage?
Ils babillent tous à la fois.

— Je suis bénitier, dit la fleur,
Et pour eau je veux la rosée.
— Papillon à l'aile rosée,
Toi tu feras l'enfant de chœur.

— Pour chantres prenons les oiseaux.
— Soit! mais il faut, très grave histoire,
Et surplis blanc et robe noire
Pour le vicaire et les bedeaux.

— La belle affaire! nous voilà!
Chantent en l'air les hirondelles...
C'est le printemps, mesdemoiselles,
Que l'on baptisait ce jour-là.

49. — Le petit pain tout fait.

Dites-moi, mes chères enfants, si, par impossible, vous n'aviez pas un jour de bon pain blanc à manger et de bon lait à boire, que feriez-vous ?

Pommes de terre.

Ah ! je vous entends, petites gourmandes, vous vous consoleriez en croquant cet excellent petit pain qui pousse en terre tout fait, tout pétri pour le bonheur du genre humain, je veux dire la pomme de terre. Vous auriez raison, et en le faisant cuire tout simplement sous la cendre, — il n'est pas besoin d'être un cordon bleu pour cela, — vous pourriez aisément apaiser votre faim.

La pomme de terre est la reine des légumes ; il n'y en a pas de plus populaire ni de plus précieux.

Ce tubercule, — on entend par ce mot une excroissance ou grosseur qui se forme à une racine, — ce tubercule, dis-je, nourrit le monde, il représente le sixième de l'alimentation publique. Il trône sur toutes les tables, sur celle du riche comme sur celle du pauvre, et il est, pour ce dernier, une ressource incomparable.

Il y a en automne la récolte de la pomme de terre, comme il y a en été la récolte du blé. C'est une seconde moisson, et quand la première est insuffisante, on se rattrape sur la seconde.

Lorsque la pomme de terre tomba malade, il y a

quelques années, et menaça de disparaître, il y eut dans toute l'Europe comme un cri de commun effroi.

La pomme de terre nous vient d'Amérique ; ce sont des moines espagnols qui l'introduisirent en Europe au XVIᵉ siècle. Elle fut d'abord méconnue,

Récolte des pommes de terre.

calomniée et attendit longtemps le jour de la justice et de la réparation.

C'est une plante herbacée annuelle, mais à racines vivaces. Sa tige produit des feuilles d'un vert foncé et ses fleurs sont blanches, souvent lavées de violet.

Les variétés de pommes de terre sont innombrables : les couleurs varient du gris pâle au jaune, au rouge, au violet et même au noir ; la grosseur va de celle de la noix à celle d'un petit melon. Quant à la forme, les unes sont plus ou moins cylindriques, les autres sphériques ou à peu près, mais en général elles sont assez régulières, offrant une peau assez lisse dans certaines variétés, très rugueuse dans certaines autres. Chaque année, on en récolte en France environ 120 millions d'hectolitres.

Bientôt, mes petites amies, vous aiderez votre maman à faire la cuisine. Elle vous montrera à préparer des pommes de terre frites, puis de bonnes purées destinées à recevoir des côtelettes de mouton.

On prétend qu'il existe aujourd'hui plus de deux cents *manières* d'accommoder les pommes de terre ; je me contenterais facilement de dix, pourvu qu'elles fussent les meilleures...

Il me reste, mes chères petites, à vous raconter l'histoire de l'homme à qui nous sommes redevables de ce végétal qui, en cas de mauvaises récoltes du blé, nous met à l'abri de la famine et même de la disette.

Questionnaire. — D'où nous vient la pomme de terre? — A quelle époque a-t-elle été introduite en Europe? — Y a-t-il plusieurs variétés ; à quoi les reconnaît-on? — Combien en récolte-t-on d'hectolitres annuellement et à quelle somme s'élève cette récolte? — Nommez quelques manières de préparer les pommes de terre.

50. — Un grand bienfaiteur de l'humanité.

En 1771, l'académie de Besançon mit au concours un mémoire sur les plantes qui pouvaient le mieux suppléer aux *céréales* (celles dont on fait le pain) dans les temps de disette.

Parmentier se rappela alors qu'étant prisonnier en Allemagne, où il avait suivi l'armée comme pharmacien durant la guerre de Hanovre, on lui avait donné souvent, au lieu de pain, une ration d'un

aliment qu'il ne connaissait point, mais qu'il trouvait excellent : c'était la pomme de terre. Il rédigea son mémoire, concourut et obtint le prix.

La plante n'était connue que de quelques savants : il s'agissait de la répandre. Là commencèrent les tribulations sans fin du bon Parmentier. La routine et l'ignorance regardaient ce tubercule comme engendrant la lèpre. Les uns disaient qu'il donnait la fièvre; selon d'autres, il appauvrissait la terre au point de ruiner tout pays qui le cultivait.

Parmentier réfuta toutes ces erreurs et s'attacha à faire ressortir les nombreux avantages qu'on pouvait retirer de cette plante. Rien ne lui coûta : recherches, travaux, sollicitations, même jusqu'à d'innocents artifices.

Il réussit enfin à obtenir de Louis XVI vingt-cinq hectares aux Sablons, près Paris. Il les fit labourer et planter de pommes de terre.

Au moment de la maturité, afin d'exciter l'avidité

et la curiosité de la foule, et sachant aussi cette vieille vérité, que rien ne plaît comme le fruit défendu, il fit mettre des gardes pendant le jour, autour du champ, pour en interdire l'accès aux voleurs. Mais comme il avait bien soin de retirer les gardes la nuit, on vint lui dire un matin que des maraudeurs s'étaient introduits dans le champ et qu'ils avaient dérobé une quantité considérable de pommes de terre.

« Dieu soit béni ! s'écria-t-il tout joyeux, voilà la première fois qu'un larcin cause du plaisir au volé. » Et mettant une pièce d'argent dans la main de celui qui lui avait annoncé ce désastre et qui le regardait d'un air ébahi, il lui dit : « Voilà pour vous récompenser de la bonne nouvelle que vous venez de m'apprendre ! »

Lorsque les pommes de terre furent en fleur, Parmentier fit un bouquet et le porta à Versailles.

Louis XVI prit une fleur et la mit à sa boutonnière, les courtisans imitèrent le roi, et la plante, dès ce moment, attira la curiosité ; on eut pour elle de

TRIOMPHE DE PARMENTIER.

l'engouement. Un autre jour, Parmentier donna un grand repas où se rencontrèrent bon nombre d'hommes distingués et de savants. Les convives s'extasiaient sur la variété des mets et le goût parfait de chacun d'eux.

Alors le maître de la maison, au comble de la joie, déclara, au dessert, que la pomme de terre, déguisée sous toutes les formes, avait fourni seule la substance des mets.

Le succès le plus éclatant récompensa enfin tant de zèle et de si ingénieux efforts. Aujourd'hui, la France récolte des pommes de terre pour plus de deux cents millions de francs.

Parmentier, né à Montdidier en 1737, mourut sans fortune en 1813. On pouvait perpétuer sans frais la mémoire de ce grand bienfaiteur de l'humanité en nommant la plante qu'il avait fait connaître *Parmentière*; mais la routine et l'ignorance ont prévalu.

Questionnaire. — Quel est l'homme qui a fait connaître la pomme de terre en France? — Quels moyens ingénieux Parmentier a-t-il employés pour faire apprécier ce précieux légume? — Où est né ce bienfaiteur de l'humanité et en quelle année est-il mort?

51. — Mlle **Frappe d'abord.**

Je connais une petite fille appelée Ernestine et surnommée *Mlle Frappe d'abord;* vous devinez pourquoi, n'est-ce pas, sans que j'aie besoin de vous le dire? Si son frère la pousse un peu en passant, crac! son bras se lève et sa main tombe sur le maladroit. Si une petite amie lui marche sur le bout du pied, vite cette amie reçoit un soufflet ou une égratignure.

Mlle Ernestine est si méchante qu'elle passe sa colère et se venge même sur des objets inanimés. Ainsi, lorsqu'elle se cogne la tête sur le coin d'une table, elle ne trouve rien de mieux que de lancer un coup de pied à cette table, qui ne peut s'en plaindre et pour cause; lorsqu'elle se heurte en passant près d'une chaise, elle bouscule le siège et l'envoie rouler à deux pas. Ernestine gagne à ce jeu de se faire mal deux fois au lieu d'une. Vraiment, agir ainsi, c'est par trop... stupide, disons le mot. Voici ce qui est arrivé un jour à Ernestine et l'a corrigée à peu près.

Par un beau matin de printemps, elle cueillait des violettes le long d'une haie touffue; tout à coup elle retire sa main en criant. Une touffe d'ortie se trouvait là, et comme cette plante a des piquants, la main de la petite fille les avait ressentis. Vous auriez été à sa place que vous vous seriez dit simplement : « Puisque cette plante pique, je vais prendre des précautions pour que pareille chose ne m'arrive plus, » et vous auriez souffert la cuisson patiemment. Mais la bouillante Ernestine

n'est pas de cet avis. Comme à son ordinaire elle veut se venger du mal qui lui a été fait; elle prend la plante à pleines mains et veut l'arracher. Vous comprenez bien ce qui arriva : au lieu d'un petit mal ce fut un grand. Ernestine retire ses mains couvertes de piqûres; elle pleure, elle se gratte et bientôt la peau, enflée, est couverte de gros boutons rouges cuisants comme du feu.

La pauvre petite revient à la maison en se lamentant, sa mère la console, soigne ses plaies et lui dit :

> *Ma fille, apprends que la vengeance,*
> *En retombant sur son auteur,*
> *Accroit ses maux : la violence*
> *Ne peut consoler d'un malheur.*

Questionnaire. — Que pensez-vous de la conduite d'Ernestine? — Que lui est-il arrivé ?

52. — **L'Habitation.**

Lorsque la nuit commence à répandre ses ombres sur la terre, les petits oiseaux s'envolent sous la feuillée, les poules montent à leur perchoir et se mettent la tête sous l'aile, les animaux rentrent au gîte, l'homme prend le chemin de sa demeure pour se mettre en sûreté et à l'abri de l'intempérie des saisons.

Dans les premiers âges du monde, les hommes n'avaient pour retraite que le creux des rochers ou des cavernes humides et sombres. Plus tard, ils construisirent des huttes et des cabanes faites de terre mouillée et de paille. Dans certains pays, comme la Suisse par exemple, ils bâtissaient des habitations sur des pilotis au milieu des lacs et formaient ainsi de petits villages. Un pont étroit de bois, pouvant se lever

LA CONSTRUCTION.

ou s'abaisser à volonté, mettait les habitants en communication avec la terre ou les isolait. Ils étaient ainsi à l'abri des attaques des animaux malfaisants.

Il y a quelques années, on a trouvé au fond de

certains lacs des hachettes de pierre, des flèches en silex, des ustensiles de ménage, des objets de toilette qui reportent notre pensée à bien des siècles en arrière et nous montrent les progrès accomplis.

Lorsque l'homme, grâce à ses recherches, à son travail, a pu tailler la pierre, fabriquer de la brique, composer des ciments, fondre des métaux, il a construit des maisons solides. Maintenant, dans les grandes villes, les rues sont alignées et les maisons prennent les proportions de vrais monuments. Dans les moindres villages, elles sont plus ou moins grandes, mais presque toutes contiennent ce qui est utile au bien-être de leurs habitants.

L'industrie des bâtiments est très importante,

elle occupe une quantité innombrable d'ouvriers ; aussi a-t-on coutume de dire : « Quand le bâtiment marche, tout marche. » En effet, dans la construction d'une maison, on a besoin du maçon pour

employer les pierres et les lier entre elles ; du charpentier pour ajuster et placer les pièces de bois ; du menuisier pour faire les portes et les fenêtres ; du serrurier pour faire les serrures ; du couvreur pour couvrir les toits, du peintre pour donner des couches de couleur partout où il est nécessaire, etc.

La *pierre* se trouve au sein de la terre d'où on la retire des *carrières*. Il y a un grand nombre d'espèces de pierres. Les *pierres siliceuses* sont dures, telle est la pierre meulière employée à la fabrication des meules et aux constructions souterraines, tel est encore le grès qui sert au pavage des rues. Les *pierres calcaires* peuvent être entamées par les outils d'acier et quelquefois être rayées par l'ongle ; on y voit d'innombrables débris de coquilles. Le granit, en blocs parfois gigantesques, se prête par sa dureté, ses tons variés, sa résistance aux intempéries, à la construction des monuments.

Les pierres s'emploient soit en blocs à peine dégrossis appelés *moellons,* soit taillées en morceaux réguliers sous le nom de pierres de taille.

— Est-ce que le *marbre* est une pierre?

— Oui, c'est une pierre calcaire, dure, susceptible d'être polie; on en fait de belles cheminées, des objets d'art.

La *brique,* qui souvent supplée à la pierre, n'est autre chose que de la terre glaise ou terre argileuse, pétrie, moulée, séchée au soleil et cuite au feu. Les carreaux qui pavent les chambres et les tuiles qui couvrent les maisons se font comme les briques.

— Et les ardoises dont on couvre aussi les maisons, comment les fabrique-t-on?

Les *ardoises* sont des pierres schisteuses, c'est-à-dire faciles à fendre en lames; on les tire de carrières appelées ardoisières.

— Et le plâtre d'où vient-il?

— Le *plâtre* est une pierre qu'on trouve dans la terre par bancs plus ou moins épais, qui forment quelquefois des collines entières. Il y en a de très belles carrières aux environs de Paris.

— Mais le plâtre n'est pas une pierre, il ressemble à de la farine.

— Avant d'employer le plâtre, ma petite amie, on le fait cuire, on lui enlève ainsi l'eau qu'il contient; puis, quand il est cuit, on le réduit en poudre. Lorsque les plâtriers veulent employer le plâtre, ils le mélangent avec de l'eau, ils le *gâchent,* et il se forme alors une pâte qui durcit promptement et devient très solide.

On emploie le plâtre pour sceller les gonds des portes et des fenêtres, pour faire des plafonds, des enduits à la surface des murs.

— Et le mortier que font les petits manœuvres, à quoi sert-il et de quoi se compose-t-il?

— Le *mortier* est un mélange de chaux, de sable et d'eau. On s'en sert pour unir, pour coller les pierres entre elles.

— Qu'est-ce que c'est que la chaux?

— La *chaux* se prépare en calcinant la pierre calcaire dans des fours. On l'appelle alors chaux vive. Avant de l'employer, on l'*éteint* en jetant de l'eau dessus; on forme ainsi une belle pâte blanche, puis, quand on a besoin de mortier, on prend de cette chaux éteinte,

et, comme je vous le disais tout à l'heure, on la mêle avec de l'eau et du sable.

Le mortier que l'on obtient ainsi se durcit à l'air;

mais il y a des mortiers qui ont la propriété de se durcir dans l'eau ; pour les obtenir, on emploie une chaux spéciale dite chaux hydraulique que l'on mélange avec du sable fin.

Lorsque les pierres ou les terres calcaires contiennent de l'argile, elles forment par la cuisson du *ciment* naturel. En délayant ce ciment avec de l'eau, on obtient une pâte molle qui devient rapidement aussi dure que de la pierre. Les bassins de nos jardins sont fabriqués avec des briques et du ciment. On obtient des ciments artificiels en opérant certains mélanges.

Questionnaire. — En quoi consistait l'habitation des hommes aux premiers âges du monde? — De nos jours, quels sont les matériaux qui entrent dans la construction des maisons? — Quels sont les ouvriers nécessaires pour construire une maison? — A quoi servent les ardoises? — Que fait-on avec le plâtre? — De quoi le mortier se compose-t-il? — Qu'appelle-t-on ciment?

53. — La bonne petite sœur.

Ordinairement les petits garçons sont turbulents, ils aiment le bruit, le tapage et cassent souvent la tête à leurs grands-parents, ce qui est mal, car le bruit fatigue et rend malades les personnes âgées.

On dit, je ne sais pas si c'est bien vrai, que bon

nombre de petites filles ressemblent à ces petits garçons et sont au moins, comment dirai-je? aussi *remuantes*. Mais passons sur ce sujet délicat.

Il était donc une fois un petit garçon qui ne restait jamais une minute en place; il touchait à tout et brisait tout ce qu'il tenait à la main.

Un matin, il entre dans la cuisine, et malgré la défense de sa maman, il s'approche d'un vase rempli d'eau bouillante destinée au savonnage. *Touche-à-tout* veut soulever le couvercle assez lourd; ce couvercle s'enfonce dans l'eau, et en voulant le retenir, l'enfant plonge son bras dans le liquide. Il jette alors des cris perçants; sa mère, effrayée accourt et le prend dans ses bras; la main est horriblement brûlée. Pendant un mois, le petit imprudent souffrit beaucoup : sur le bras dépouillé de sa peau se forma une plaie enflammée, rouge comme du feu.

Chaque fois qu'on faisait le pansement, le pauvre enfant pleurait à chaudes larmes; sa petite sœur Yvonne pleurait aussi, tant elle avait de peine à voir son frère souffrir; alors elle s'approchait de lui, lui faisait de douces caresses et lui mettait sous les yeux ses plus beaux joujoux. S'étant aperçue que les gâteaux et les friandises faisaient plaisir au malade, elle mettait de côté pour lui presque tous ses desserts.

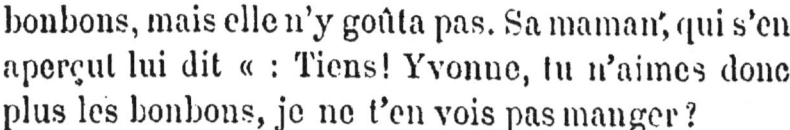

Yvonne reçut de sa marraine une superbe boîte de bonbons, mais elle n'y goûta pas. Sa maman, qui s'en aperçut lui dit « : Tiens! Yvonne, tu n'aimes donc plus les bonbons, je ne t'en vois pas manger?

— Ah! si, maman, répondit la petite fille d'un ton mystérieux, je les aime beaucoup; mais quand j'en donne à mon petit frère, je vois qu'ils font cesser un peu ses pleurs et son ennui; alors je veux tout garder pour lui.

— Chère fille! » dit sa mère, en l'embrassant.

Combien on doit aimer ses frères et ses sœurs!
Que ces liens sont doux! ensemble, dès l'enfance,
Unis par les devoirs, unis par la naissance,
Où trouver des amis et plus sûrs et meilleurs?

Questionnaire. — Qu'arriva-t-il au petit frère d'Yvonne? — Que faisait Yvonne pour distraire son petit frère et pour lui être agréable?

54. — Les abeilles.

Lorsque nous voulons bâtir une maison, nous nous adressons à l'architecte qui fait un plan et le soumet à notre appréciation.

Il y a de tout petits insectes qui n'ont pas besoin d'architecte. Ils construisent leur habitation avec une régularité et un art admirables, sans avoir besoin d'équerre ni de cordeau. Chaque ouvrier apporte sa part de travail à l'édifice, et jamais il ne dérange le plan établi. Vous devinez que je veux parler des abeilles et de leur demeure appelée *ruche*.

C'est dans la ruche qu'elles déposent ce bon miel jaune et parfumé qui fait vos délices. Un rayon ou *gâteau* est la réunion des cellules ou alvéoles placées sur deux faces opposées. On compte ordinairement plusieurs milliers de cellules dans une ruche ; elles sont toutes d'une construction parfaite et forment un hexagone régulier.

— Mais avec quoi sont faites les cellules ?

— Avec la *cire*, produit d'une sécrétion qui s'amasse entre les anneaux de l'abdomen de l'abeille, et que celle-ci retire avec ses brosses quand elle veut l'employer. Les abeilles vont dans les champs butiner les fleurs ; elles puisent le suc dans les corolles et le déposent ensuite à l'état de miel dans les cellules, préparées à l'avance.

Le miel est donc le nectar des fleurs. Les abeilles peuvent servir de modèle aux écoliers ; elles sont loin d'être paresseuses ; jamais elles ne restent inactives, et toutes remplissent leurs devoirs avec la plus grande exactitude. Depuis le lever du soleil jusqu'à son déclin, tout est mouvement, diligence, 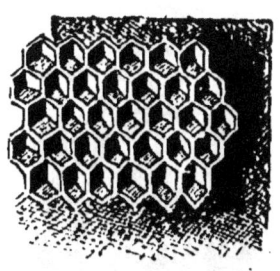 empressement dans la ruche. Des centaines d'abeilles arrivent des champs chargées de matériaux et de provisions ; d'autres les croisent et vont à leur tour en campagne.

Les abeilles vivent en société, et elles reconnaissent  l'autorité d'une mère ou reine. Tous les sujets ont pour cette dernière les plus grands égards. Quand elle meurt, la ruche est dans la consternation, dans l'effarement, jusqu'à ce qu'une nouvelle reine apparaisse. Cette abeille a un corps plus gros et plus allongé que les autres ; c'est elle seule qui peuple la ruche d'œufs qui deviendront abeilles et formeront un essaim.

On appelle *essaim* une volée de jeunes abeilles qui abandonnent la ruche pour aller fonder une société nouvelle. Souvent les cultivateurs s'emparent de l'essaim par adresse et le mettent dans une nouvelle ruche.

Questionnaire. — Qu'est-ce qu'une ruche et de quoi se compose-t-elle ? — Qu'est-ce que la cire ? — De quoi le miel est-il formé ? — Quelles sont les fonctions de la reine dans une ruche ? — Qu'appelle-t-on essaim ?

LE VOL.

55. — Grand Dieu! des gendarmes!..

Il n'est jamais permis de prendre les choses qui ne vous appartiennent pas. Ceux qui commettent cette mauvaise action sont des voleurs. Les voleurs sont pris par les gendarmes et mis en prison.

Voler est une grande faute, et quand on dit de quelqu'un : *c'est un voleur*, on ne peut lui adresser une plus grosse injure.

Il y a des enfants qui commettent de petits vols. Ils se permettent de cueillir des fruits dans des jardins qui ne sont pas à leurs parents; ils dérobent des billes à leurs camarades; c'est une très vilaine action.

Il y en a d'autres qui ouvrent les tiroirs où leur maman met les bonbons et qui en mangent quelques-uns.

Ce n'est pas aussi grave que si ces bonbons n'appartenaient pas à leur mère, mais c'est tout de même une faute.

Les enfants doivent s'habituer à ne jamais rien dérober à qui que ce soit, pas même une épingle. Vous allez voir quelle terrible chose est arrivée à une petite fille.

Un jour Clarisse était assise, seule, sur le bord d'un

fossé. Il faisait chaud, le soleil était ardent et la petite fille avait soif. En retournant la tête, elle aperçut, non loin d'elle, un cep de vigne où pendaient des raisins magnifiques. Elle se lève pour aller en cueillir une grappe, mais aussitôt elle réfléchit que cette vigne n'est pas à ses parents et qu'alors il ne lui est pas permis d'y toucher; elle se rassied. Au bout de quelques minutes, ses yeux se reportent sur les raisins, la tentation recommence. Aussi elle aurait dû s'en aller.

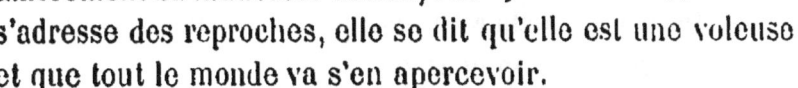

Clarisse se lève de nouveau, fait quelques pas, regarde à droite et à gauche pour s'assurer que personne ne la voit, cueille le raisin et le mange. A peine a-t-elle mis le dernier grain dans sa bouche, qu'elle a des remords affreux. Elle regrette amèrement sa mauvaise action, elle s'adresse des reproches, elle se dit qu'elle est une voleuse et que tout le monde va s'en apercevoir.

Elle s'en retourne à la maison la tête basse et l'air triste. On ne peut pas être gai quand on n'a pas la conscience en paix. Le soir de ce même jour, la petite maraudeuse était assise, à côté de sa mère, à la porte de leur demeure. Elle retourne la tête et s'écrie tout à coup :

« Grand Dieu! voici des gendarmes! »

C'étaient en effet deux gendarmes qui passaient. Clarisse, en les apercevant, ne doute pas qu'ils ne viennent l'enlever pour la conduire en prison : éperdue, elle se lève, fait un pas et tombe évanouie dans les bras de sa mère...

Lorsqu'elle revint à elle, les gendarmes étaient bien loin, et la pauvre petite était guérie à tout jamais de deux grands défauts : la gourmandise et le vol.

Ajoutons encore quelques mots sur cet important sujet :

Tous les vols n'ont pas le même degré de gravité; mais si l'on se familiarise avec les petits larcins, on arrive insensiblement à en commettre de plus grands. C'est de là qu'est venu le proverbe : « Qui vole un œuf volera un bœuf. »

Il y a plusieurs manières de voler. C'est un vol de garder les choses trouvées au lieu de les rendre à leurs propriétaires. Un vol de tricher au jeu. Un vol, quand on est marchand, de vendre trop cher des objets de peu de valeur. Un vol de ne pas donner le poids du pain, de la viande et d'autres objets aux clients. Un vol d'enlever de force à quelqu'un ce qui lui appartient. Un vol de nier ses dettes. Un vol de prêter de l'argent à gros intérêts, comme les usuriers. Un vol enfin de nuire d'une manière quelconque aux biens des particuliers ou de l'État. On ne doit donc pas dire que voler le gouvernement n'est pas voler.

Questionnaire. — Qu'appelle-t-on voleur ? — Qu'est-ce qu'une prison ? — Qu'est-il arrivé à Clarisse ? — Énumérez les différentes manières de voler.

56. — L'Eau.

L'eau, mes chères petites, est une chose bien utile, bien nécessaire. Les savants disent que c'est un liquide transparent, incolore, inodore et insipide. Expliquons vite tous ces grands mots; à votre âge, vous n'êtes plus des bébés et l'on peut vous parler comme à des enfants raisonnables.

On dit que l'eau est un *liquide* parce qu'elle coule et prend la forme des objets dans lesquels on la met. Le vin, la bière, le cidre, l'huile, le vinaigre sont des liquides. L'eau est *transparente*, c'est-à-dire qu'on voit à travers. Ainsi, quand on regarde couler l'eau d'une rivière, on aperçoit souvent de jolis petits poissons, aux écailles argentées, qui nagent avec une vitesse étonnante. L'eau n'a ni couleur, ni odeur, ni goût; c'est pourquoi l'on dit qu'elle est *incolore*, *inodore* et *insipide*. Elle sert à une infinité d'usages : lorsqu'elle est pure, c'est une excellente boisson favorable à la santé. La meilleure eau à boire est celle des sources et des rivières; c'est une bonne précaution de boire de l'eau filtrée.

Si l'eau manquait, nous mourrions; il en serait de même des animaux et des plantes. Vous avez vu que les jardiniers arrosent les fleurs pour les faire pousser; sans la pluie bienfaisante, la terre ne pourrait rien produire, ni blé, ni légumes, ni foin; il n'y aurait pas de végétation.

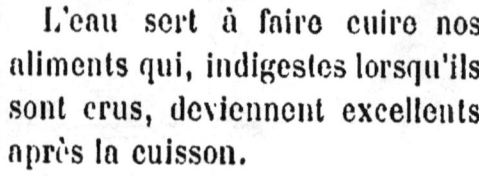

L'eau sert à faire cuire nos aliments qui, indigestes lorsqu'ils sont crus, deviennent excellents après la cuisson.

Si vous mettez un morceau de sucre dans un verre d'eau, qu'arrivera-t-il? Le sucre fondra, ou plutôt l'eau dissoudra le sucre; si vous y mettez du sel ou du savon, l'eau dissoudra ces substances. En dissolvant un grand nombre de corps, l'eau rend d'immenses services. C'est encore elle qui sert à nettoyer notre corps, nos vêtements, à blanchir notre linge, à laver nos habitations. Les enfants doivent à l'eau une foule de bienfaits; c'est grâce à elle s'ils sont si frais et si gentils. On aime à voir, à caresser un enfant propre, bien débarbouillé; on éprouve de la répulsion en présence d'un enfant malpropre. L'eau n'est pas rare, elle se trouve partout; on est donc inexcusable de ne pas s'en servir.

L'EAU, LA VAPEUR.

L'eau s'offre à nous sous trois aspects différents : à l'état ordinaire, l'état *liquide*, qui mouille ; à l'état *solide*, changée en glace sous l'influence d'un grand froid ; enfin, à l'état *gazeux*, c'est-à-dire réduite en vapeur par l'action de la chaleur.

Si au-dessus de la vapeur nous mettons un corps froid,

une assiette, par exemple, la vapeur s'y attachera et, en se refroidissant, redeviendra de l'eau.

Quand la vapeur est renfermée, elle a une force d'expansion immense (1) qu'on a mise à profit comme force motrice dans les arts, l'industrie, la navigation.

C'est la vapeur, je vous l'ai déjà dit, qui fait voler, pour ainsi dire, les wagons sur les rails des chemins de fer et les navires sur la surface des eaux ; c'est elle qui, remplaçant souvent l'eau et le vent, fait tourner les meules de nos moulins et soulève les lourds marteaux de nos forges. Notre siècle, en appliquant la vapeur, aura brusquement centuplé l'essor de tous les perfectionnements.

Questionnaire. — Pourquoi dit-on que l'eau est transparente, incolore, inodore et insipide ? — Montrez l'utilité de l'eau et ses multiples usages. — Sous quels aspects différents l'eau peut-elle s'offrir à nous ? — Comment la vapeur se forme-t-elle et à quoi sert-elle ?

---

(1) Une goutte d'eau, réduite en vapeur, occupe un volume 1,700 fois plus considérable qu'à l'état liquide.

Coupe d'un puits artésien

57. — Les Sources.

— L'autre jour, en regardant la rivière couler, je me demandais d'où vient l'eau qui l'alimente ; les pluies ne doivent pas y suffire ?

— En effet, chère enfant, d'autant moins que toute l'eau des pluies ne va pas directement aux affluents des fleuves. Une partie, par suite de l'évaporation, se change en vapeur et forme les nuages ; une autre partie pénètre dans le sol pour entretenir la végétation ; puis, quand l'eau en s'infiltrant dans la terre rencontre des couches argileuses qui l'arrêtent et l'empêchent de pénétrer plus avant, elle s'accumule, forme des réservoirs, des nappes souterraines. Si cette eau rencontre une issue, elle s'y glisse petit à petit et l'eau du réservoir qui se renouvelle constamment passe par ce même chemin et forme à la surface du sol où elle aboutit ce qu'on appelle une *source*. C'est ainsi que commencent les rivières et les fleuves, et durant leur parcours leur volume est augmenté par leurs affluents.

Si l'on choisit un terrain voisin d'une nappe d'eau souterraine, et plus bas que celle-ci, et si l'on creuse à l'aide d'une sonde, par exemple, l'eau se précipite par l'ouverture et forme une fontaine jaillissante ou *puits artésien*.

PUITS ARTÉSIENS, JETS D'EAU.

Le premier puits de ce genre a été percé au XIIe siècle dans un village de l'Artois, de là son nom. — Est-ce que les jets d'eau se forment ainsi ? — Les jets d'eau qui, dans nos places publiques font les délices des enfants, sont construits par la main des hommes, mais d'après les mêmes principes que les puits artésiens. Ainsi, tout jet d'eau se compose forcément : 1° d'un réservoir placé dans un endroit plus élevé que lui ; 2° d'un tuyau conduisant le liquide du réservoir au bassin du jet d'eau. Plus le réservoir est élevé, plus grande est la hauteur de l'eau jaillissante. L'eau d'un réservoir pénétrant dans

Sondage.

un tuyau recourbé s'élève dans ce tuyau jusqu'au niveau du réservoir. Si le tuyau s'élève moins haut, l'eau jaillit, mais sans atteindre le niveau du réservoir.

Comme nous l'avons déjà dit, l'eau sert au blanchissage des vêtements et du linge. C'est avec l'eau additionnée de cendres de bois, de soude ou de potasse que l'on fait la *lessive;* c'est avec de l'eau et du savon que l'on fait les savonnages du linge fin.

La potasse s'obtient par la calcination de certains végétaux. La soude se retire des cendres marines. Un Français, Nicolas Le Blanc, parvint à l'extraire du sel marin ; il rendit par là un immense service à son pays, car la soude est d'un emploi fréquent dans l'industrie.

Le *savon* est un mélange de soude ou de potasse avec de l'huile ou de la graisse.

— Comment! il entre de l'huile et de la graisse dans un produit destiné à enlever les taches?

— Si l'on employait ces diverses substances séparément, elles nuiraient aux étoffes, les saliraient ou les brûleraient; mélangées, au contraire, elles forment un composé qui les nettoie parfaitement. Il y a des savons durs et des savons mous : les premiers se font avec du carbonate de soude et de l'huile d'olive : tels sont les savons de Marseille. Les savons mous se fabriquent avec de la potasse, des huiles inférieures, de la graisse et même de la résine. Les savons de toilette sont parfumés.

On raconte ainsi la découverte du savon. La femme d'un pêcheur de Savone, en Italie, fit chauffer un jour de la lessive de soude dans un vase qui avait contenu de l'huile d'olive et qui en était encore imprégné; elle s'aperçut que ce mélange réussissait à merveille pour nettoyer son linge, elle s'en servit par la suite et sa découverte se répandit.

Questionnaire. — Comment se forment les sources des cours d'eau. — Qu'est-ce qu'un puits artésien, un jet d'eau? — Que met-on dans l'eau pour qu'elle puisse nettoyer le linge? — D'où retire-t-on la soude et la potasse? — Quelle découverte a faite Nicolas Le Blanc? — Qu'est-ce qui entre dans la composition des savons? — A qui attribue-t-on la découverte du savon?

58. — La bonne petite Georgette.

— Allons, dépêche-toi, ma petite Georgette, il est huit heures et demie, il est temps de partir pour l'école. Tu sais qu'il ne faut jamais être en retard.

— Soyez tranquille, maman, je n'ai plus à prendre que mon panier et je vais me mettre en route.

Georgette alla bien vite dire adieu à son papa qui travaillait dans le jardin, elle embrassa sa petite sœur, puis sa maman et partit toute seule, comme une grande fille raisonnable qui regarde toujours où elle marche et sait se garer des voitures dans les rues. Il y a des enfants étourdis qu'on ne peut laisser aller seuls et qui manquent toujours de se faire écraser.

Georgette n'avait pas fait cinquante pas qu'elle vit reluire quelque chose au soleil ; elle s'approcha et ramassa une belle pièce de deux francs presque toute neuve. La petite fille se trouvait par hasard en ce moment devant un pâtissier ; il y avait à l'étalage de jolis gâteaux et toute sorte de friandises qui payaient de mine. Croyez-vous que Georgette ne fut pas tentée d'en acheter avec l'argent qu'elle venait de trouver? Oh! que si fait! ces bonnes choses lui donnaient grande envie d'entrer dans la boutique et d'utiliser la pièce en question; mais elle savait qu'un objet perdu, qu'on ramasse, ne vous appartient pas et qu'on doit en chercher, si c'est possible, le propriétaire afin de le lui remettre.

Justement, comme Georgette arrivait à l'école, elle aperçut une petite fille habillée pauvrement et pleurant à chaudes larmes. La pauvre enfant racontait qu'elle avait perdu l'argent que sa mère lui avait donné pour acheter du pain, et qu'il n'y avait plus un sou chez ses parents. Georgette tendant avec joie sa petite main, lui dit : « Tiens, ne pleure pas, voilà ta pièce de monnaie, je l'ai trouvée, va bien vite chez le boulanger. »

Et la petite pauvresse remercia Georgette de tout son cœur. Que serait-il arrivé si celle-ci avait été gourmande, voleuse et avait dépensé la pièce trouvée? Le cœur se serre rien que d'y penser; les pauvres gens n'auraient pu manger le soir, et les petits enfants se seraient couchés sans souper. N'est-ce pas affreux de ne pouvoir manger quand on a faim! Et dire qu'il y a des enfants qui sont dans cette triste position! Ah! remerciez Dieu, mes petites amies, de vous avoir donné des parents qui ne vous laisseront jamais manquer de rien.

Questionnaire. — Quelles précautions doivent prendre les enfants dans les rues? — Que doit-on faire quand on trouve un objet qui ne vous appartient pas? — Que serait-il arrivé si Georgette avait été gourmande?

L'ÉLÉPHANT.

59. — Le plus grand des animaux.

Au Jardin des Plantes, à Paris, et dans les ménageries de la foire, en province, on voit réunis un grand nombre d'animaux.

Mis pour la première fois en présence de l'éléphant, cette montagne ambulante qui fait trembler la terre sous ses pas, les enfants restent ébahis. Instinctivement, ils s'approchent de leur père, ils ont peur.

L'éléphant est le plus grand des mammifères terrestres : il atteint jusqu'à cinq mètres de hauteur. Sa peau est calleuse, crevassée, très épaisse, sa tête énorme, et ses oreilles sont fort grandes. Il a l'ouïe d'une finesse extrême; ses yeux sont très petits, mais vifs. La trompe, simple prolongement du nez, est très mobile et assez longue pour que son extrémité puisse toucher la terre sans que l'animal ait besoin de se baisser; elle lui sert de bras et de main. Grâce à elle, il peut enlever les plus petites choses, les porter à sa bouche, les poser sur son dos, les tenir embrassées ou les lancer au loin. Cet organe jouit d'une force prodigieuse et c'est précisément dans son action que réside la puissance de l'éléphant. Contre ses ennemis, c'est une arme d'une puissance terrible; il saisit

son assaillant, l'enlace dans ses replis, le presse, l'étouffe, le brise, le lance dans les airs ou le renverse pour l'écraser sous ses pieds. Il s'en sert aussi pour briser les branches ou arracher des arbres. Avec son corps il renverse un mur qui le gêne, aussi facilement, mes mignonnes, que vous renverseriez une chaise.

L'éléphant apprivoisé est confié aux soins d'un homme appelé *cornac*, qui se tient assis ou à cheval sur le cou de l'animal. Pour diriger sa marche, il lui tire légèrement l'oreille du côté où il veut le conduire, à l'aide d'un petit bâton garni d'un crochet de fer. Pourriez-vous croire que ce colosse est plus facile à diriger que certaines écolières de ma connaissance! Comment cela se fait-il? Je l'ignore, je constate le fait, voilà tout.

L'éléphant s'habitue à obéir à la voix du cornac, il plie les jambes pour recevoir les fardeaux ou permettre aux personnes de monter. Il prend plaisir à se laisser vêtir et parer. Il peut porter jusqu'à mille kilogrammes et faire vingt ou trente lieues par jour. Un certain nombre de personnes peuvent prendre place sur le dos de cet animal.

L'éléphant se nourrit de substances végétales, il est donc herbivore. Il lui faut au moins cinquante kilogrammes de foin par jour et de douze à quinze seaux d'eau. Il paraît que ce colosse a un faible très prononcé pour les fruits et surtout pour les végétaux sucrés tels que la canne à sucre et le maïs. Voyez un peu où la friandise va se nicher!

Les défenses de l'éléphant atteignent parfois trois mètres de longueur et pèsent jusqu'à cinquante kilogrammes. Aussi quand l'animal lève la tête et qu'on voit ces deux dents immenses, un frisson vous saisit. On a tort de craindre, car cet énorme pachyderme est doué de sentiment et possède des qualités aimables.

Conservant la mémoire des bienfaits reçus, jamais il ne méconnaît son bienfaiteur : il lui marque sa reconnaissance par les signes les plus expressifs, et lui demeure toujours attaché.

Il ne se refuse à aucun genre de service, pas même aux plus pénibles ; il se croit toujours assez récompensé quand on lui témoigne par quelques caresses qu'on est satisfait.

Mais plus il est sensible aux bons traitements, plus il s'irrite des châtiments qu'il n'a point mérités ; il garde un long souvenir des offenses et ne perd point l'occasion de s'en venger. Cependant la colère ne l'empêche pas toujours d'écouter la générosité.

Un éléphant venait de se venger de son conducteur en le tuant. Témoin de ce spectacle, la femme du malheureux cornac, hors d'elle-même, prend ses deux enfants, et les jetant aux pieds de l'animal encore tout furieux :

« Puisque tu as tué mon mari, lui dit-elle, ôte-moi aussi la vie ainsi qu'à mes deux enfants. »

L'éléphant s'arrêta court, s'adoucit, comme s'il eût été touché de regret, il prit avec sa trompe le plus grand des enfants, le mit sur son cou, l'adopta pour conducteur et n'en voulut point souffrir d'autre.

Les défenses de l'éléphant nous donnent cette précieuse matière qu'on appelle *ivoire* et avec laquelle on confectionne une foule d'objets : des éventails, des statuettes, etc. La plupart des dents d'éléphant viennent d'Afrique, des

Indes orientales et surtout de Ceylan. A Dieppe, ville de la Seine-Inférieure, on fait avec l'ivoire de délicieux petits ouvrages.

Questionnaire. — A quoi sert la trompe de l'éléphant ? — Comment s'appelle l'homme qui le soigne ? — Quelles sont les qualités de l'éléphant et quels services peut-il rendre ? — Que fait-on avec ses dents ou défenses ?

60. — La grande petite fille.

Maman, comme on grandit vite !
Je suis grande, j'ai sept ans.
Eh bien ! quand j'étais petite,
J'enviais toujours les grands !
    Toujours, toujours à mon frère,
    S'il venait me secourir,
    Même quand j'étais par terre,
    Je disais : « Je veux courir ! »
    Chère maman, je suis forte ;
    Bon papa te le dira.
    Son grand fauteuil, à la porte,
    Sais-tu qui le roulera ?
    Moi ! c'est sur moi qu'il s'appuie,
    Quand son pied le fait souffrir ;
    C'est moi qui le désennuie,
    Quand il dit : « Viens me guérir ! »
    O maman, je te regarde
    Pour apprendre mon devoir,
    Et c'est doux d'y prendre garde,
    Puisque je n'ai qu'à te voir.
    Nous ferons l'aumône ensemble,
    Quand les chers pauvres viendront.
    Un jour, si je te ressemble,
    Maman, comme ils m'aimeront !
Je sais ce que tu vas dire ;
Tous tes mots je m'en souviens ;
Là !... J'entends que ton sourire
Dit : « Viens m'embrasser... » Je viens !

          Mme DESBORDES-VALMORE.

Questionnaire. Comment une petite fille peut-elle se rendre utile ? — Qui doit-elle imiter ?

61. — L'Orage.

— Pourquoi êtes-vous en retard aujourd'hui, Elise?

— Ce n'est pas ma faute, c'est l'orage qui en est cause. L'été est une saison bien agréable sous certains rapports : les jours sont longs, la nature est dans toute sa beauté, et pourtant je n'aime guère cette saison à cause des orages; j'ai une peur affreuse du tonnerre.

— Le tonnerre, chère enfant, n'est pas dangereux, ce n'est que du bruit et le bruit ne fait pas de mal... excepté aux oreilles. Lorsqu'un cheval reçoit un coup de fouet, ce n'est pas le bruit qui lui cingle la peau, mais bien la mèche. Ce qu'il y a de dangereux dans l'orage ce n'est pas le roulement épouvantable qui éclate au-dessus de nos têtes, mais bien l'éclair qui sillonne la nue et descend jusqu'à terre. Rappelez-vous bien ceci :

La foudre est l'étincelle électrique qui jaillit des nuages orageux. L'éclair est la lumière qu'elle produit. Le tonnerre n'est que le bruit causé par la vibration de l'air violemment déplacé.

Ainsi, dans un orage, il y a la foudre, ou phénomène électrique; l'éclair, ou phénomène lumineux; le tonnerre, ou phénomène sonore.

L'ÉLECTRICITÉ.

— Et, qu'est-ce que c'est donc que l'électricité ?

— Personne, chère petite, ne pourrait répondre à votre question ; on ignore la nature de l'électricité, jusqu'à présent on ne connaît que ses propriétés merveilleuses. Tout ce que je puis vous dire, c'est ceci : si vous frottez vivement un bâton de cire à cacheter avec un morceau de laine et que vous l'approchiez alors de petites barbes de plume, elle les attirera à elle. On exprime cette propriété acquise par la cire frottée en disant qu'elle est électrisée. L'attraction des corps est donc un des effets de l'électricité, qui peut aussi produire de la chaleur et de la lumière, témoin l'éclair qui éblouit et allume quelquefois l'incendie. On a fait de l'électricité un messager presque aussi rapide que la pensée ; grâce à elle, nous pouvons, par le télégraphe et le téléphone, nous mettre en rapport avec ceux que nous aimons, fussent-ils séparés de nous par des centaines de kilomètres. L'électricité ferait presque huit fois le tour du monde en une seconde dans un fil télégraphique, et la circonférence de la terre est de dix mille lieues !

La plupart des orages n'offrent pas de dangers sérieux ; en tout cas, lorsque la foudre gronde, il faut s'aguerrir, maîtriser ses émotions et ne pas avoir peur quand, après avoir vu l'éclair, on entend le tonnerre.

— Et pourquoi cela ?

— Parce que la lumière parcourt beaucoup plus de chemin que le son pendant le même temps (1), et comme la foudre tombe à l'instant même où paraît la lumière, lorsque le tonnerre se fait entendre le péril est passé. Chaque battement de notre pouls ou chaque seconde qui s'écoule

---

(1) Le son parcourt environ 340 mètres par seconde et la lumière 70,000 lieues.

entre l'éclair et le bruit du tonnerre représente à peu près une distance de 340 mètres. Nous portons en nous une horloge qui bat à peu près la seconde ; cette horloge c'est notre cœur dont les battements se traduisent par ceux du pouls, elle mesure la durée de notre vie ! On prétend que chaque

seconde qui bat à l'horloge du temps marque la fin d'une existence humaine ! N'en devons-nous pas conclure quel est le prix du temps et combien il importe d'en bien régler l'emploi ?

On voit souvent, durant les soirs d'été, des éclairs qui n'effrayent point, on les appelle improprement *éclairs de chaleur*. Ce sont les lueurs, les reflets d'orages lointains ; le tonnerre qu'ils produisent est tellement affaibli par la distance, qu'il n'est plus sensible à l'oreille.

On peut se préserver des effets de la foudre au moyen d'un appareil appelé paratonnerre qu'on établit au-dessus d'un édifice ou d'une maison. Cet appareil, inventé par Franklin, un des fondateurs de l'indépendance américaine, soutire l'électricité dont les nuages sont chargés en temps d'orage et la conduit dans la terre.

Le paratonnerre se compose d'une tige métallique pointue de 7 à 8 mètres de longueur qui s'élève dans l'air, et d'un câble de métal qui descend de l'extrémité inférieure de la tige jusque dans un sol humide ou dans l'eau d'un puits.

On doit prendre certaines précautions au moment d'un fort orage ; ainsi, il est imprudent alors de sonner les cloches, de s'exposer à un courant d'air, et surtout de se réfugier sous des arbres isolés, sous un clocher, car la foudre tombe de préférence sur tous les points élevés.

— Au moment des orages, le vent s'élève et souffle avec fureur. Qu'est-ce qui produit le vent ?

— Le vent n'est autre chose que de l'air agité. Ainsi, ma petite Élise, quand vous soufflez très fort pour éteindre une chandelle, vous agitez l'air, vous produisez du vent. Les variations de température sont une des causes les plus fréquentes du vent. Lorsqu'une masse d'air est échauffée, elle se dilate, c'est-à-dire qu'elle augmente de volume, devient plus légère et s'élève ; aussitôt l'air environnant arrive pour remplir la place vide

et lui-même est remplacé par d'autre air.

— J'ai remarqué aussi qu'en temps d'orage ou de pluie abondante on voyait quelquefois apparaître un arc-en-ciel. Qu'est-ce qui produit ces couleurs si charmantes ?

— L'arc-en-ciel n'est autre chose que la lumière blanche du soleil décomposée par les gouttelettes de pluie, en lumières de diverses couleurs, puis réfléchie, c'est-à-dire renvoyée vers l'observateur. L'arc-en-ciel ne se forme que le matin et le soir. Le matin on le voit à l'occident, le soir à l'orient, toujours à l'opposé du soleil auquel on doit tourner le dos pour l'apercevoir.

On peut voir un petit arc-en-ciel quand, tournant le dos au soleil, on a devant soi un jet d'eau retombant en pluie fine.

Questionnaire. — Quelle différence y a-t-il entre la foudre, l'éclair et le tonnerre ? — Qu'est-ce que l'électricité ? — Dites à quoi sert le paratonnerre et en quoi il consiste. — Quelles précautions doit-on prendre au moment d'un orage ? — Qu'est-ce qui produit le vent ? — Comment se forme l'arc-en-ciel ?

62. — Les deux parterres.

La vie des écoliers et des écolières se compose du temps consacré à l'étude, et des heures données au repos ou à la récréation. La corde de l'arc ne peut pas toujours être tendue ; lorsqu'on a bien travaillé il faut bien s'amuser.

Je connais une distraction très agréable pour les enfants, c'est celle du jardinage. Quoi de plus intéressant, en effet, que de semer des graines et de voir pousser quelque temps après des fleurs magnifiques ! N'est-ce donc rien aussi que de soigner des fraisiers, de récolter de superbes fraises et de les manger ? Les fruits qu'on a cultivés soi-même semblent bien meilleurs que les autres.

Un père avait deux enfants ; un fils et une fille. Le garçon s'appelait Paul et la fille Louise. Une année, au moment du printemps, le père donna à chacun de ses enfants un petit carré de terre qu'il fit bêcher d'abord par un jardinier, et il leur dit : « Ce terrain est à vous, tirez-en le meilleur parti possible. »

Aussitôt arrivés de la classe, le frère et la sœur se mettaient à cultiver leur coin de terre qu'ils appelaient fièrement leur jardin. Ils traçaient des allées, formaient des plates-bandes, arrachaient les mauvaises herbes, plantaient et arrosaient, car ils avaient les principaux outils du jardinage ; c'était un cadeau de leur tante.

Paul, l'aîné, semait des graines de toute sorte après avoir demandé conseil au jardinier. Il plantait de petits arbustes, des rosiers, des lilas, du jasmin, des œillets, des chrysanthèmes, des dahlias et d'autres plantes encore, de manière à avoir des fleurs dans toutes les saisons. Louise, au contraire, ne s'occupait que des fleurs du moment : violettes, muguets, primevères, narcisses, etc., et elle disait un jour à son frère avec ironie : « Il est beau, ton jardin, Paul ! tout y semble mort, pas une fleur nouvelle, pas un bouton de rose ou de jasmin, quelle différence avec le mien, regarde, est-il assez charmant ?

— Oui, tout cela est très joli à présent, chère petite sœur, répondit Paul ; mais je te dirai comme le faible roseau au chêne orgueilleux : attendons la fin. »

Cette fin arriva bientôt. Louise qui n'avait pensé qu'au

présent, avait vu toutes ses fleurs se faner puis disparaître, son pauvre jardin était désert ; elle regarda alors avec envie celui de son frère où se succédaient les fleurs les plus jolies, et elle dit avec tristesse à son père : « Hélas !

pourtant je l'arrosais sans cesse ce parterre ingrat et stérile, qui n'offre plus le moindre éclat, comment se fait-il qu'il soit devenu si laid et ne soit pas pareil à celui de mon frère ?

— C'est, ma fillette, dit le père en souriant, que pour jouir plus vite, tu n'as planté que des fleurs printanières, sans songer à celles qui devaient s'épanouir plus tard ; tu n'as pas été prudente et tu es punie de ton imprévoyance. »

Quant à vous, mes chères petites, de cette histoire, retenez bien ceci :

Nos beaux jours ici-bas n'ont que de courts instants.
   Il faut, usant de prévoyance,
   Savoir aussi dans son enfance,
   Cultiver son esprit, son cœur ;
Faire croître dans l'un l'arbre de la science ;
Dans l'autre, les vertus qui donnent le bonheur.

   Mais ne vouloir dans le jeune âge
Que les fleurs ou plaisirs nous offrant des attraits,
   C'est n'être ni prudent ni sage ;
C'est pour un autre temps s'apprêter des regrets.

Questionnaire. — Pourquoi est-il agréable de jardiner ? — D'où venait la différence existant entre le jardin du frère et de la sœur ? — Quelles réflexions ce résultat peut-il nous suggérer ?

63. — L'Or.

— Ma petite Laurence, est-ce que vous avez de l'argent dans votre bourse ?

— Mais oui. J'ai reçu, pour mes étrennes, une pièce de 10 francs en or, une pièce de 5 francs en argent et beaucoup de sous.

— Parmi ces pièces, quelles sont celles qui ont le plus de valeur ?

— L'or vaut plus que l'argent et l'argent plus que le cuivre.

— Très bien, chère enfant, vous voilà déjà savante ; mais il faut le devenir plus encore. Nous voici naturellement amenées à parler des métaux.

Les métaux sont des corps minéraux, doués d'un éclat particulier, qui peuvent être fondus et réduits en lames.

Presque toujours les métaux se trouvent dans les entrailles de la terre. On appelle mines les gisements d'où on les extrait. Les mines sont plus ou

Coupe d'une mine.

moins profondes, on y descend au moyen de puits. Les ouvriers qui travaillent dans les mines s'appellent mineurs. Pauvres gens, plaignons-les, car leur existence est triste et leur travail bien pénible.

Comprenez-vous, Laurence, ce que c'est que de vivre sous

terre, à plusieurs centaines de mètres de profondeur, sans voir le beau soleil qui nous réchauffe et nous éclaire, sans respirer l'air pur et sans jouir des beautés de la nature.

On trouve rarement les métaux, sauf l'or, à l'état natif,  c'est-à-dire purs et pouvant être employés tels qu'ils sont. Le plus souvent, ils sont combinés entre eux et mêlés à d'autres substances.

L'or est le plus beau, le plus aimé, le plus désiré de tous les métaux. A sa vue, bien des cœurs battent, bien des yeux se remplissent de convoitises. Et pourtant, il ne peut donner ce que l'homme cherche vainement ici-bas, le bonheur parfait.

L'or est susceptible d'un beau poli qui reste à peu près inaltérable. On en obtient des fils d'une finesse prodigieuse et des feuilles bien plus minces que des pelures d'oignon, tellement minces qu'elles sont translucides et s'envolent au moindre souffle.

On dore des objets en bois, en cuivre, même en carton, tels que les cadres des glaces, les pendules, les flambeaux, et la tranche de vos livres de prix.

C'est avec l'or qu'on fabrique des montres, des bagues, des boucles d'oreille, des broches et mille autres bijoux que vous aimez déjà, petite coquette!

Nos pièces d'or sont faites avec un mélange de neuf parties d'or pur et une de cuivre. Ce sont : les pièces de cent francs, de cinquante francs, de vingt francs, de dix francs et de cinq francs. La loi tolère encore la circulation des louis d'or de quarante francs, bien que ceux-ci ne fassent plus partie de notre système monétaire.

Il vient beaucoup d'or de la Californie, de l'Amérique méridionale, et aussi du Mexique et de l'Australie. Quelquefois, on trouve des paillettes d'or dans le sable que roulent plusieurs rivières de France, l'Ariège par exemple.

Questionnaire. — Qu'appelle-t-on métal et comment nomme-t-on les hommes qui extraient les métaux? — A quoi l'or sert-il? — Quelles sont nos pièces de monnaie en or? — Nommez les principaux pays où l'on trouve ce métal précieux.

64. — L'Argent.

L'*argent* a une éclatante blancheur; il est brillant et très sonore. Il a le privilège d'être, après l'or, le signe représentatif de toutes les valeurs. Son prix, à poids égal, est environ le quinzième de celui de l'or.

Vous connaissez les pièces de cinq francs en argent, n'est-ce pas, ma petite amie, et aussi celles de deux francs, d'un franc, de cinquante centimes et de vingt centimes? Que vous êtes heureuse quand vous en avez un certain nombre dans votre porte-monnaie! Vous pouvez acheter le jouet que vous désirez et surtout faire l'aumône aux pauvres que vous rencontrez, ce qui est mieux.

Les pièces de cinq francs en argent sont faites avec un mélange de neuf parties d'argent pur avec une de cuivre; les autres pièces d'argent sont un alliage de huit cent trente-cinq parties d'argent et de cent soixante-cinq de cuivre.

L'argent se trouve communément au Mexique, au Pérou, au Chili. Il en existe en France de petites quantités dans le minerai de plomb.

Avec ce métal on fabrique de beaux couverts pour la  table, c'est ce qu'on appelle l'argenterie. Les personnes qui ne sont pas riches remplacent l'argenterie par le *ruolz*, métal argenté.

Les ménagères savent que les cuillères et les fourchettes en ruolz, désargentées, ne doivent jamais rester dans le vinaigre, sous peine de former du vert-de-gris.

Les personnes qui n'ont pas le moyen d'acheter des bijoux d'or s'en procurent en plaqué. Le *plaqué*, si usité dans l'orfèvrerie et la bijouterie, n'est autre chose que du cuivre recouvert d'une couche d'or ou d'argent très mince.

De nos jours, on fabrique aussi des bijoux avec de l'*aluminium*, métal blanc, légèrement bleuâtre et, à volume égal, quatre fois plus léger que l'argent.

Le *billon* ou monnaie de cuivre se compose de quatre-vingt-quinze parties de cuivre, quatre d'étain et une de zinc. Les pièces de cuivre sont de dix centimes ou deux sous, cinq centimes ou un sou, deux centimes et un centime. Le *nickel*, métal blanchâtre et très dur, remplace le billon dans certains pays.

Questionnaire. — Nommez les pièces de monnaie en argent et dites leur composition. — Où trouve-t-on l'argent? — Que fabrique-t-on avec ce métal? — Quelles précautions faut-il prendre quand on se sert du ruolz? — Qu'est-ce que du plaqué? — Nommez les différentes monnaies de cuivre.

65. — Le Fer. — La Fonte.

Le *fer* est le plus abondant et le plus utile de tous les métaux. Ses usages sont innombrables; c'est le plus universellement répandu : on le rencontre dans presque toutes les contrées du globe, et il n'est pas besoin de creuser bien avant dans la terre pour le trouver. Le minerai peut se présenter sous forme de petites pierres ou de grains recouverts d'une terre brune ou roussâtre. Lorsque le minerai de fer est nettoyé, on le verse dans de hauts fourneaux, ayant de douze à dix-huit mètres de hauteur, et l'on y mélange des couches de charbon.

Coupe de haut fourneau.

Le feu des hauts fourneaux ne s'éteint jamais, on l'entretient nuit et jour. Sous l'action d'un feu violent, le minerai, débarrassé de ses scories, tombe au fond du fourneau.

La coulée.

Il coule alors comme un torrent de feu soit dans de longs sillons qu'on a tracés sur le sable, soit dans des moules préparés à l'avance.

— Alors, ce minerai ainsi fondu, c'est du fer?

— Non, pas encore, chère enfant, ce premier produit, est de la fonte.

La *fonte* est une combinaison de fer et de charbon,

c'est une sorte de fer grossier ; elle est très cassante.

Coupe d'un foyer d'affinage.

Pour convertir la fonte en fer, ce qui s'appelle l'*affiner*, on l'introduit dans des fours où circule un rapide courant d'air, pour brûler le charbon.

— Et que fait-on avec la fonte ?

— Beaucoup de choses, chère petite : des balcons, des grilles, des fourneaux, des poêles, des chenets, de gros tuyaux pour conduire les eaux. Le fer n'est pas cassant et il est *malléable*, c'est-à-dire qu'on peut le réduire en lames ou en barres. Pour cela on le porte au *laminoir*, machine composée de deux rouleaux que l'on rapproche à volonté, et entre lesquels il est serré fortement.

Laminoir.

Sous cette étreinte, le fer s'aplatit et s'allonge.

La forge.

On coupe les lames ou barres à la taille qu'on veut, au moyen de puissants ciseaux, et on les tient à la disposition des marchands de fer et des ouvriers. Le fer fournit des ressources précieuses à tous les arts mécaniques, à tous les métiers. C'est grâce à lui que les grandes découvertes de notre siècle, les chemins de fer et le télégraphe électrique ont pu se développer, car on en fait les machines, les rails, les fils télégraphiques, etc.

— Le fer est si dur, comment peut-on le travailler?

— On le chauffe fortement et quand il est rouge, ou plutôt blanc, on lui donne toutes les formes qu'on désire. Rien n'est plus docile que le fer chaud.

N'avez-vous jamais remarqué le maréchal lorsqu'il prépare des fers pour les chevaux? Je vais, à ce sujet, vous raconter une gentille histoire.

LE CLOU (1).

Un villageois sella son cheval pour se rendre à la ville. Il s'était bien aperçu qu'il manquait un clou à l'un des fers; mais il avait hâte de partir, et il s'était dit : « Bah! un clou de plus ou de moins, cela ne fait rien, » et il s'était mis en route.

Au milieu du chemin, le cheval perdit un fer. « S'il y avait un maréchal par ici, dit-il, l'accident serait bientôt réparé; mais puisqu'il n'y en a pas, mon cheval achèvera tout aussi bien son voyage avec les trois fers qui lui restent. »

Cependant les pierres du chemin blessèrent l'animal qui se mit à boiter. Un peu plus loin, deux brigands s'élancèrent d'un épais taillis pour voler notre homme.

---

(1) Extrait de l'A B C du style et de la composition, par P. Larousse.

Monté sur un cheval boiteux, il ne put fuir assez vite ; les voleurs l'atteignirent et lui prirent son cheval, avec son portemanteau et tout ce qu'il renfermait.

Obligé de regagner son logis à pied et après avoir tout perdu, il se disait tristement : « Non, jamais je ne me serais figuré que, faute d'un clou, je perdrais mon cheval. »

Ne négligez jamais une petite chose,
Un grand mal vient souvent d'une petite cause.

Questionnaire. — Où trouve-t-on du minerai de fer ? — Comment fabrique-t-on le fer ? — Qu'appelle-t-on fonte ? — Que fait on pour pouvoir forger le fer ? — Quelle morale doit-on retirer du clou à ferrer ?

66. — Tôle. — Fer-blanc. — Acier.

On appelle *tôles* des feuilles de fer plus ou moins minces obtenues au moyen du laminoir. La tôle a des usages nombreux.

Les tôles fortes servent à faire les chaudières à vapeur, les réservoirs, les ponts métalliques, etc. Les tôles minces sont surtout employées pour les toitures, après avoir été zinguées ou plombées. C'est également avec la tôle mince qu'on fabrique le fer-blanc.

— Qu'est-ce qu'on entend par le fer-blanc ? Il y a donc plusieurs espèces de fers ?

— Le *fer-blanc*, chère petite, n'est autre chose que de la tôle étamée, c'est-à-dire recouverte d'une couche d'étain.

Avec le fer-blanc on fabrique des rôtissoires, des cafetières, des bouilloires, des casseroles minces, et aussi... des ustensiles de cuisine pour garnir la boîte de ménage des petites filles sages. L'acier est un fer qui contient un peu de charbon et de *silicium*, corps simple qui se trouve dans le silex, les cailloux ; il est plus dur que le fer et susceptible d'un beau poli ; il est plus élastique, mais plus cassant.

Pour rendre l'acier encore plus dur et tranchant, on le chauffe puis on le refroidit brusquement en le plongeant dans l'eau froide ; cela s'appelle

La trempe.

tremper l'acier. Avec l'acier on fait des lames de rasoirs, de canifs, de couteaux, des ressorts, des pièces d'horlogerie.

La bijouterie d'acier a acquis dans ce siècle une grande importance en France ; elle a des reflets qui rivalisent presque avec ceux de l'argent.

L'acier sert encore à fabriquer des canons, des épingles, si nécessaires pour la toilette, et des aiguilles.

L'aiguille ! l'outil précieux, l'outil par excellence des femmes, et qui, malgré sa petitesse, passe par les mains de cent vingt travailleurs avant d'arriver à sa perfection.

Questionnaire. — Qu'est-ce que le fer-blanc, la tôle ? — Que fabrique-t-on avec le fer-blanc ? — Qu'est-ce que l'acier ? — Que fait-on avec l'acier ?

67. — La bonne volonté de Paulette.

Paulette, un matin, se rendait à l'école. Elle marchait à côté de sa maman qui tenait par la main son petit frère.

Ils rencontrèrent en chemin un homme âgé qui poussait devant lui une espèce de petite voiture sur laquelle on apercevait une meule.

Le vieillard criait d'une voix chevrotante : « Voilà le rémouleur, mesdames, celui qui repasse les couteaux et les ciseaux ! »

Et Paulette dit à sa mère : « Que veut cet homme et qu'a-t-il dans sa voiture ?

— Ce brave homme est un *gagne-petit*, il aiguise, c'est-à-dire rend plus coupants les outils et ustensiles tranchants ou aigus ; comme les rasoirs, les couteaux, les ciseaux.

— Ah ! et pourquoi, mère, appelle-t-on cet homme *gagne-petit* ?

— C'est parce que son métier, dit-on, lui rapporte peu, il est content lorsque le soir il a ramassé assez de sous pour pouvoir vivre le lendemain.

— Chez nous, maman, il n'en est pas de même, nous sommes riches !

UNE BONNE RÉSOLUTION.

— Non, chère enfant, nous ne sommes pas riches ; mais grâce au travail et à l'intelligence de ton cher papa, nous ne manquons de rien.

C'est ton père qui chaque jour travaille, travaille sans relâche, se fatiguant avec plaisir pour gagner la vie de sa famille.

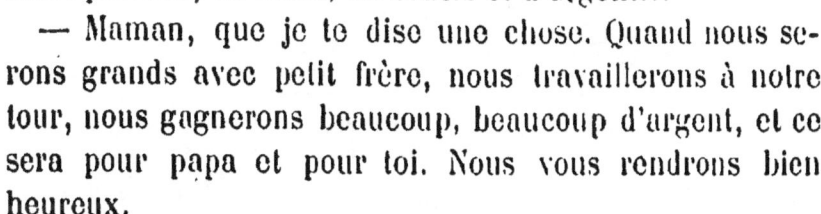

Souvent même, pendant que tu dors la nuit, ton père veille, afin que le matin tu aies toujours ton bol de lait chaud et sucré, ton petit pain blanc et de gentils vêtements pour aller en classe. Il veut que tu aies d'aussi belles robes que tes compagnes.

Ah ! les enfants ne savent pas tout ce qu'ils coûtent à leurs parents, de soins, de soucis et d'argent...

— Maman, que je te dise une chose. Quand nous serons grands avec petit frère, nous travaillerons à notre tour, nous gagnerons beaucoup, beaucoup d'argent, et ce sera pour papa et pour toi. Nous vous rendrons bien heureux.

— Oui, ma mignonne, j'espère que tu seras toujours une bonne fille ; en attendant, sois une bonne écolière, contente ta maîtresse et apprends comme il faut. Tiens, écoute la chanson du rémouleur.

Questionnaire. — Qu'est-ce qu'un rémouleur ? — D'où vient le mot *gagne-petit* ? — Quel est le rôle du père dans la famille ? — Dites la gentille réflexion de Paulette à sa mère.

Contraste insuffisant
NF Z 43-120-14

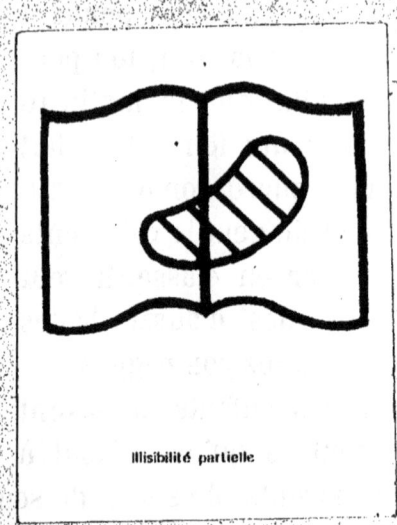

Illisibilité partielle

Valable pour tout ou partie du document reproduit

68. — Martin le Gagne-Petit.

A repasser les couteaux, les ciseaux !
  Le voilà, le voilà qui passe,
  Celui qui tous les jours repasse,
Pour repasser les ciseaux, les couteaux.

  On m'appelle Gagne-Petit.
  C'est, ma foi, par trop véritable,
  Car dans ma bourse, comme on dit,
  Je loge bien souvent le diable.
  Ce n'est pas la fortune, hélas !
  Qui tourne ma roue ici-bas.

  Et pourtant gens de tout métier
  Ont affaire à ma manivelle ;
  Du canif je polis l'acier,
  Sous mes doigts le glaive étincelle,
  De la mode je suis l'espoir,
  Et donne le fil au rasoir.

Un jour, accablé de travaux,
A la peine si je succombe,
Je veux qu'on inscrive ces mots
Sur ma meule, en guise de tombe :
« Il a passé : vœux superflus !
« Martin ne repassera plus !

« Il repassa les couteaux, les ciseaux !
  « Le voilà, le voilà qui passe,
  « Voilà qu'il passe et qu'il trépasse
« En repassant les ciseaux, les couteaux ! »

69. — Cuivre. — Plomb. — Étain.

Le *cuivre* est un métal rouge et brillant; il a une saveur sensible, et, lorsqu'il est frotté, il communique aux doigts une odeur désagréable.

Le cuivre est, après le fer, le métal le plus employé dans les arts. Pur et sans mélange, il sert à fabriquer des vases et des ustensiles de ménage, des alambics, des chaudières, des feuilles pour la coque des vaisseaux. Il est la base de la monnaie de billon et entre dans la fabrication des monnaies d'or et d'argent.

L'humidité, la graisse, l'huile, les acides, forment sur le cuivre des taches vertes qu'on appelle *vert-de-gris*.

Le vert-de-gris est un poison; aussi les ménagères doivent faire étamer soigneusement leurs casseroles en cuivre, et, par prudence, ne jamais y laisser refroidir leurs aliments.

Le *plomb* est très lourd et se fond facilement. Sa teinte brillante, d'un blanc bleuâtre, se ternit vite à l'air. Il est si mou qu'on peut le rayer avec l'ongle.

Avec le plomb on fait des balles pour les fusils, des tuyaux de conduite pour le gaz et les eaux, des gouttières, des réservoirs. Il est dangereux de se servir de ces tuyaux pour recueillir l'eau de pluie destinée à la consommation; mais on peut en faire usage pour conduire les eaux de source ou de puits que l'on veut employer à l'alimentation.

— Lorsque papa va à la chasse, il emporte des grains de plomb ; comment les façonne-t-on ainsi ?

— Rien n'est plus facile. On laisse tomber d'une grande hauteur le plomb fondu allié à de l'arsenic ; dans sa chute il se divise en petites gouttes, lesquelles viennent se solidifier par le refroidissement dans l'eau.

— Est-ce qu'on trouve du plomb en France ?

— Oui, il y en a quelques mines dans le Finistère, les Vosges et le Gard. La France en extrait le vingt-cinquième de ses besoins annuels.

L'*étain* est un métal d'un assez beau blanc ; mais il se ternit vite. Il sert à confectionner une foule d'ustensiles pour l'usage domestique : des cuillères, des plats, des vases pour contenir les liquides. On emploie encore l'étain pour l'étamage des ustensiles de cuivre et de fer et pour l'étamage des glaces. Ce sont aussi des feuilles d'étain très minces qui enveloppent le chocolat.

Un jour, j'ai vu une jeune fille bien étonnée. En voulant faire du caramel dans une cuillère d'étain, au lieu d'en prendre une de fer, elle vit tout à coup sa cuillère disparaître au milieu de la flamme. C'est qu'en effet l'étain fond très facilement.

Les mines d'étain de Cornouailles, en Angleterre, sont les plus considérables de l'Europe. L'étain nous amène à parler du chaudronnier et de l'étameur.

Questionnaire. — Que fabrique-t-on avec le cuivre ? — Que doivent faire les ménagères quand elles se servent de casseroles de cuivre ? — A quoi sert le plomb ? — Comment obtient-on des grains de plomb ? — Où trouve-t-on du plomb en France ? — Nommez les emplois divers de l'étain.

70. — Voilà le rétameur !

(D'APRÈS CHAMPFLEURY)

Que de fois, mes chères petites, vous avez regardé avec curiosité le chaudronnier établi sur la place du pays.

Il attache son âne à un anneau de fer de la maison voisine. Il tire d'un panier son fourneau, son soufflet, son gros sac en cuir où sont les moules à cuillères, l'étain et le fer-blanc ; puis il commence alors à parcourir la ville en criant d'une voix retentissante : « Voilà, mesdames, le parfait rétameur ! A rétamer et casseroles et chaudrons ! Qui a des cuillères à fondre ? » Aussitôt les ménagères tirent de leurs armoires des vieux boutons de plomb et toutes les autres vieilleries de même métal mises de côté pour la circonstance. De chaque maison, le chaudronnier emporte des pelles, des bidons, des chaudrons, des pots, des cafetières et il s'en retourne ainsi chargé vers l'âne, qui, pour se désennuyer, cherche de quoi manger dans un vieux sac à foin. L'âne a dressé ses longues oreilles, il a entendu des cris : ce sont les enfants qui sortent de l'école. Quelle joie pour eux, le chaudronnier est arrivé ! Ils l'entourent et le regardent avec la curiosité qu'exige une si mystérieuse opération.

Bientôt, sur les charbons ardents du réchaud, le rétameur a vidé dans un vieux vase de fer toute sorte de limailles, des vieux boutons, des robinets usés, des débris de tuyaux, etc.

Quel drame que de suivre l'affaissement de ces objets se remuant d'abord un peu, s'inclinant dans le fond du vase de fer, puis tombant tout à fait en défaillance sous une croûte immobile et noirâtre !

Le moule est ouvert, et sous cette crasse liquide sort un ruisseau brillant comme le mercure. Les enfants n'ont pas assez de leurs yeux pour regarder...

Il faut attendre que les cuillères refroidissent. « Allons ! dit le chaudronnier, qui s'impatiente de voir le cercle se resserrer de plus en plus autour de lui. Place, marmaille ! place ! Allez lire à l'école ! N'entendez-vous pas la cloche qui vous appelle ? »

Mais, patience, l'opération est finie, les cuillères sortent du moule un peu mates. Le chaudronnier enlève délicatement les coutures qu'ont produites les ouvertures du moule, et, avec un chiffon noir, gras et huileux, il donne un admirable brillant aux cuillères, filles des vieux boutons.

Les écoliers et les écolières partent pour l'école, l'étameur va rendre les objets qu'il a remis à neuf, et, le soir, les ménagères sont heureuses de posséder des ustensiles de cuisine reluisants comme de l'argent.

71. — Zinc. — Fil d'archal. Laiton. — Airain.

Le *zinc* est un métal d'un blanc bleuâtre, moins lourd que le plomb; on s'en sert pour recouvrir le fer — ce qu'on appelle le *galvaniser* — et l'empêcher ainsi de s'oxyder; pour couvrir les édifices, et aussi quelquefois à la place de l'étain, dont le prix est plus élevé.

Avec le zinc on fait encore des arrosoirs, des baignoires, des seaux. L'eau contenue dans un vase en zinc n'est pas malsaine; mais il ne faut pas y conserver du vin, des fruits, des viandes grasses, du sel ni des acides, car ces substances attaquent ce métal.

Le fil de fer ou *fil d'archal* n'est autre chose que du fer passé à la filière. Pour l'empêcher de se rouiller, on le recouvre d'une couche mince de zinc. Vous en avez vu le long du mur de votre jardin; il sert à attacher des branches de vignes.

Le *laiton* ou cuivre jaune est un alliage de cuivre et de zinc; il a l'inconvénient de se couvrir de vert-de-gris. On emploie le laiton pour faire des agrafes, des épingles et certains instruments de musique.

Le *bronze* ou *airain* est un alliage de cuivre et d'étain.

Avec le bronze on fait des canons, des cloches, des médailles et des statues, qui servent à honorer les grands hommes, qui sont morts pour la patrie ou qui l'ont illustrée par leur savoir, leur génie, leurs bienfaits. — Est-ce qu'on élève aussi des statues aux femmes? — Quelquefois, mon enfant; mais plus rarement, parce que le rôle de la femme ne comporte pas des actions d'éclat. La femme laisse aux hommes le soin de se distinguer dans les sciences, les arts, l'industrie, la guerre ou l'éloquence, et on ne lui demande que les vertus de la bonne ménagère, de l'épouse dévouée, de la tendre mère. Que pourrait-elle envier lorsqu'elle sait qu'elle est chérie des siens et qu'ils sont heureux par elle. Pourtant, d'illustres exemples montrent que la femme est, elle aussi, capable d'héroïques dévouements.

Beauvais a érigé une statue à Jeanne Hachette, et Orléans en a élevé plusieurs à sa libératrice, Jeanne d'Arc.

Questionnaire. — Dites ce que c'est que le zinc, le fil d'archal, le laiton et l'airain. — Expliquez ce que l'industrie tire de ces différents métaux.

LA FAÏENCE.

72. — Faïence. — Porcelaine.

Vous vous rappelez ce que nous avons dit des tuiles et des briques. On les fabrique avec une espèce de terre appelée argile, pétrie, moulée et cuite. Eh bien ! pour la fabrication d'un grand nombre d'objets dont on se sert dans le ménage, tels que les pots, les marmites, les terrines, les soupières, les plats, les assiettes, on emploie également de l'argile.

pétrissage

Cette terre est molle, onctueuse au toucher, d'un grain fin et tendre ; elle prend le poli sous l'ongle.

— Vraiment, on a de la peine à croire que les vases magnifiques, les tasses délicates, les belles assiettes ornées de filets d'or ou de dessins, soient faits avec de la terre.

— C'est pourtant la vérité ; mais il existe de nombreuses variétés d'argile. Les plus employées sont l'argile commune ou terre glaise, et le kaolin ou argile à porcelaine. La première s'emploie dans la poterie commune ; la seconde est une terre très fine, de couleur blanche et ressemble un peu à de la farine ; elle sert à la fabrication de la porcelaine.

— Alors, il y a donc plusieurs sortes de poteries ?

— Oui, on distingue la faïence et la porcelaine. La *faïence* est une poterie de terre préparée avec une argile plus ou moins calcaire qu'on recouvre après la cuisson d'un émail opaque. La faïence fine prend le nom de *terre de pipe*.

L'*émail* est une espèce de vernis vitreux ou opaque que l'on applique par la fusion, c'est-à-dire qu'on fait fondre sur les diverses poteries.

La *porcelaine* est une poterie très fine, à demi vitrifiée ou transparente. Elle se fabrique avec une argile très pure appelée kaolin. Elle ne se laisse pas entamer par l'acier ; mais, malheureusement, elle se laisse briser par des mains maladroites quand elles la laissent tomber par terre.

Rien n'est curieux comme de voir un potier à son travail. Il a près de lui son tour, il pose le pied sur une roue en bois, la fait mouvoir, et pendant que cette roue fait tourner l'argile qu'il tient dans ses mains, ses doigts lui donnent la forme qu'il désire.

potier au tour

En un instant, le morceau d'argile devient pot, vase, assiette, etc. Il ne reste plus qu'à faire sécher l'objet et à le durcir en le mettant dans un four très chaud. L'émail qui donne le luisant ne se met qu'après la première cuisson.

Quelques pièces se façonnent par le moulage, ce qui est plus commode. Les garnitures comme les anses, par exemple, sont moulées à part et collées avec une pâte spéciale.

— Comment fait-on ces jolis dessins qui ornent les assiettes à dessert et les vases de parade?

— Lorsque la porcelaine est cuite, après avoir été mise au four une première fois, l'artiste fait les dessins là dessus; puis, pour que les couleurs ne s'effacent pas, les objets peints sont remis au four une seconde fois, et alors les couleurs deviennent ineffaçables.

Je connais plusieurs jeunes filles qui ont atteint un talent remarquable comme peintres sur porcelaine; elles peuvent ainsi occuper leurs loisirs, garnir leur buffet et faire plaisir à leurs parents, à leurs amies en leur offrant quelques jolies pièces bien réussies.

Comment, lorsqu'on de parle faïence et de porcelaine, ne pas nommer le célèbre potier de terre qu'on appelle Bernard Palissy?

Bernard Palissy, simple *ouvrier de terre*, comme il aimait à s'appeler lui-même, entreprit de découvrir l'émail dont on se servait alors en Italie, pour faire de beaux ouvrages de faïence.

Coupe d'un four à porcelaine.

Après seize ans d'efforts — on peut dire surhumains — et de ruineuses dépenses, il réussit enfin dans ses laborieuses recherches. C'était en 1555.

On raconte qu'un jour, au grand désespoir de sa femme,

il jeta dans son four, qui manquait de combustible, tous les meubles de sa maison.

En général, les ouvrages de Palissy sont des plats oblongs,

d'un émail inaltérable, dans le champ desquels on voit en relief ce que Palissy appelait ses *rustiques figulines*, et qui consistaient en fruits, fleurs, coquilles, poissons, herbages et reptiles qui ont une vie et un mouvement extraordinaires. Ses aspics glissent et menacent.

Aujourd'hui ces plats rares se payent à prix d'or, on les admire dans les musées ou les cabinets des curieux.

Écoutez cet homme de génie parler lui même de ses luttes, de ses souffrances et vous vous convaincrez, mes petites amies, qu'avec une volonté ferme et énergique, de la patience et de la persévérance, on vient à bout de tous les obstacles, on surmonte les plus grandes difficultés. Ce sera la moralité de cette histoire :

« J'ai été plusieurs années, dit-il, que, n'ayant pas de quoi faire couvrir mes fourneaux, j'étais, les nuits, à la merci des pluies et des vents, sans avoir secours, aide, ni consolation, sinon des chats-huants qui chantaient d'un côté, pendant que les chiens hurlaient de l'autre.

« Parfois se levaient des vents et tempêtes, qui soufflaient de telle sorte dans mes fourneaux que j'étais contraint de laisser là tout, avec perte de mon labeur; et je me suis trouvé plusieurs fois qu'ayant tout quitté, n'ayant rien de sec sur moi, à cause des pluies qui étaient tombées, je m'allais coucher à minuit, ou au point du jour, accoutré comme un homme que l'on aurait traîné par tous les bourbiers de la ville.

« J'allais, bricolant sans chandelle, en tombant d'un côté et d'autre comme un homme qui serait ivre de vin, rempli de grandes tristesses, d'autant qu'après avoir longuement travaillé, je voyais mon labeur perdu; et de plus je trouvais en ma chambre une seconde persécution pire que la première (1), ce qui fait qu'à présent je m'émerveille de n'avoir pas succombé de douleur et d'ennui. »

Questionnaire. — Avec quoi fabrique-t-on la poterie? — Qu'appelle-t-on argile et kaolin? — Quelle différence y a-t-il entre la porcelaine et la faïence? — Qu'appelle-t-on émail? — A quel moment fait-on les dessins sur la faïence et la porcelaine? — Racontez l'histoire de Bernard Palissy.

---

(1) Sa femme lui adressait de nombreux reproches, lui disant que son labeur et ses recherches ne les menaient qu'à la misère.

73. — Origine de divers mots.

Un jour, la petite Hélène était à côté de son grand-père, elle s'amusait à regarder un ancien portrait appelé daguerréotype, et le bon papa expliquait à sa petite-fille ce qu'on entend par ce mot.

Le *daguerréotype* est l'art de fixer, par la seule action de la lumière, les images des objets sur une surface préparée. Dans le daguerréotype les épreuves s'altéraient promptement et les plaques miroitaient de la manière la plus désagréable. Aujourd'hui, la photographie sur le papier, qui n'est qu'un procédé perfectionné, donne entre les mains de nos artistes des résultats merveilleux. Et voilà pourquoi nous pouvons maintenant, à peu de frais, nous entourer des portraits de tous ceux qui nous sont chers. Cette découverte date de 1839.

— Grand-père, d'où vient donc ce mot si difficile à prononcer : da-guer-ré-o-ty-pe !

— Ce mot est parfaitement choisi, mon enfant ; il fait penser à l'inventeur qui se nommait Daguerre. Ce qu'on a ajouté, *type*, signifie empreinte. Du reste, nous avons un grand nombre de mots qui rappellent l'origine des objets qu'ils désignent.

Ainsi la *mousseline* avec laquelle on te fait les bonnets, a été d'abord fabriquée à Mossoul, en Asie. Et la *gaze* qui garnit ton chapeau, est originaire de Gaza, en Syrie. Le *cognac* que je mets dans mon café, avant de te donner un *canard*, se fabrique à Cognac, dans la Charente. L'arme, appelée *baïonnette*, fut d'abord fabriquée à Bayonne ; le *biscaïen*, petit boulet en fer, vient de la Biscaye. L'*indienne*, dont tu as plusieurs robes, fut d'abord fabriquée dans l'Inde ; la *rouennerie*, à Rouen ; le *point de tulle*, à Toul, en Lorraine (latin *tulla*) ; le *calicot*, à Calicut, en Asie ; le *nankin*, à Nankin, ville chinoise ; les beaux châles *cachemire* à Cachemire, ville de l'Hindoustan ; le *madras*, cette étoffe légère de soie et 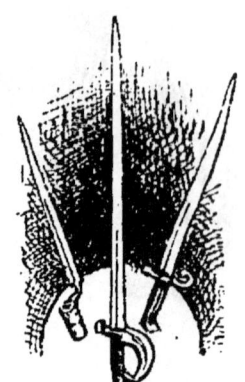 de coton se fabriquait à Madras dans les Indes. La sauce appelée *béchamel* est due à un maître d'hôtel de Louis XV portant ce nom. Les *pralines* ont été fabriquées pour la première fois par un sommelier du maréchal Duplessis-Praslin. Les *meringues* sont originaires de Mehringen et le *curaçao*, de Curaçao, l'une des Antilles. La *cerise* vient de Cérasonte, en Asie-Mineure.

— Ah ! grand-père, cela est bien facile à retenir, c'est amusant, citez-moi encore de ces mots, je vous en prie.

Et le bon papa *gâteau*, qui ne sait rien refuser à sa petite-fille, quand elle est raisonnable, continua ainsi :

Le livre contenant des *calculs tout faits* porte le nom de l'inventeur, *Barrême*.

Le genre de pavage, appelé *macadam*, est dû à l'Anglais Mac-Adam (1820).

La lampe à rouage, appelée *carcel*, fut inventée par un

fabricant portant ce nom. Il en est de même du *quinquet*, lampe à double courant d'air.

Le premier envoi de *tabac*, dans le milieu du xvie siècle, fut fait de l'île de Tabago, l'une des petites Antilles.

L'usage de la *cravate* a été emprunté aux Croates, venus en France en 1636.

La voiture apelée *berline* est originaire de Berlin et celle nommée *fiacre* a pris son nom de l'hôtel Saint-Fiacre,

à Paris, où se trouvait cette sorte de voiture de louage.

Le botaniste suédois Dahl, et le missionnaire Camelli, ont fait connaître ces deux belles fleurs : le *dahlia* et le *camélia*.

L'usage des *persiennes* nous vient de la Perse.

Le *maroquin* se préparait autrefois exclusivement dans le Maroc.

La *faïence* fut inventée à Faënza, en Italie.

Le mot *lambiner* est une allusion à la manière lente dont un professeur nommé Lambin donnait ses leçons.

L'instrument de musique appelé *musette* a été inventé par Colin Muset, au xiiie siècle.

La ville de Bougie, en Afrique, qui faisait autrefois un

INVENTIONS ET DÉCOUVERTES.

grand commerce de cire, a donné son nom à la *bougie*.

La race de *chat angora* est originaire d'Angora, en Asie-Mineure, et le petit serin, appelé *canari*, vient des îles Canaries.

Terminons cette étude par deux mots qui rappellent des idées tristes et gra-

ves. Le monument funéraire somptueux appelé *mausolée* tire son nom de Mausole, roi de Carie, à qui sa femme

fit élever un monument qui passait pour une des sept merveilles du monde.

Corbillard vient de Corbeillard, nom

d'un bateau qui, au XVIIe siècle, transportait les voyageurs de Paris à Corbeil. Du sens de *coche-d'eau*, ce mot passa à celui de grand carrosse et enfin au sens de char funèbre.

Questionnaire. — Expliquez l'origine des mots : daguerréotype, mousseline, gaze, cognac, baïonnette, biscaïen, indienne, rouennerie, point de tulle, calicot, nankin, cachemire, madras, béchamel, praline, meringue, curaçao, cerise, barrême, macadam, carcel, quinquet, tabac, cravate, berline, fiacre, dahlia, camélia, persienne, maroquin, faïence, lambiner, musette, bougie, angora, canari, mausolée, corbillard.

74.
Voyage autour d'une classe.

Un jour, monsieur l'Inspecteur entra dans une classe. Il visita les cahiers des petites écolières et y vit d'assez jolies écritures, mais de fort vilains pâtés...

S'adressant à une petite fille à la mine éveillée, il lui dit :

« ... Vous avez une jolie écriture, ma chère enfant, c'est dommage que votre cahier soit déparé par de nombreuses taches.

— Monsieur l'Inspecteur, ce n'est pas ma faute si ces taches se voient. Notre encre est si noire!

— Oui, chère petite, et si vous aviez plus de soin, vous ne prendriez dans votre plume que l'encre nécessaire pour écrire, vous n'en barbouilleriez pas vos doigts, et vos cahiers seraient toujours propres. Mais, dites-moi, savez-vous au moins comment se fabrique l'encre qui vous joue de si mauvais tours par sa noirceur?

— Non, monsieur, je ne sais pas.

— Eh bien, mon enfant, demandez-le à votre bonne maîtresse, elle vous le dira. »

En effet, le lendemain, la maîtresse faisait, de concert avec ses élèves, un *voyage* autour de la classe, et donnait l'origine et la composition des objets qui s'y trouvaient.

ENCRE

L'encre ordinaire se fait avec du bois de campêche et de la noix de galle bouillis. On y ajoute de la couperose verte et un peu de gomme arabique.

La noix de galle est une excroissance qui vient sur les feuilles de chêne, et que produit la piqûre d'une mouche

Si, en vous promenant, vous rencontrez des feuilles de chêne portant ces petites boules brunes qui ont parfois la grosseur d'une cerise, ouvrez-les et vous verrez dedans le petit locataire. Il attend un rayon de soleil pour sortir de sa demeure, où il trouve le vivre et le couvert.

CRAYONS, ARDOISES, PLUMES.

Le mot *crayon* vient du mot craie parce que c'est avec de la craie, calcaire tendre et blanc, qu'on dessina d'abord sur les murs. Aujourd'hui, on se sert de la craie pour donner des explications aux élèves sur le tableau noir.

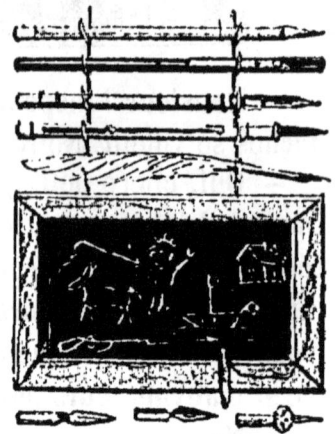

Les crayons sont faits avec une espèce de charbon, une substance nommée plombagine ou graphite que l'on appelle improprement mine de plomb, car il n'y a pas de plomb dedans. La plombagine la plus estimée est celle de Cumberland, en Angleterre.

Le crayon noir, pour dessiner, appelé crayon Conté est fabriqué avec une pâte argileuse très fine, colorée avec du noir de fumée et plus ou moins cuite.

Les crayons à ardoise sont des fragments d'ardoise taillés à la scie.

L'*ardoise* est une pierre schisteuse qui jouit de la propriété de pouvoir se diviser en lames excessivement minces. Elle n'absorbe pas l'eau, c'est pourquoi on s'en sert pour couvrir les maisons. Il existe maintenant d'excellentes ardoises artificielles.

Pour écrire à l'encre, on s'est d'abord servi de tuyaux de blé, de petits joncs. Plus tard, on a employé des plumes d'oie. Aujourd'hui on ne se sert plus que de plumes métalliques. On en fabrique en acier et en laiton. La France et l'Angleterre en produisent d'énormes quantités. Leur invention date du siècle dernier; elle est due à un mécanicien français nommé Arnoux.

GOMME ÉLASTIQUE OU CAOUTCHOUC.

Le caoutchouc est une substance élastique et résistante  que l'on fait découler de certains arbres au moyen d'incisions pratiquées dans le tronc. Ces arbres poussent dans l'Amérique du Sud, la Malaisie, les Indes, en Guinée, au Sénégal, etc.

Ce que l'on consomme aujourd'hui de caoutchouc est inimaginable. Cette précieuse substance, qui fut longtemps considérée comme une curiosité, a fini par devenir de la plus grande utilité. On a peine à se représenter l'époque, où, après sa découverte par La Condamine en 1750, la seule de ses propriétés que l'on eût encore pensé à utiliser était celle qu'elle possède d'effacer les traces de crayon sans graisser le papier, et aussi à fabriquer des balles à jouer pour les enfants. Il faut maintenant énormément de caoutchouc pour l'industrie du vêtement, la tabletterie, l'article de Paris, la bimbeloterie, la tuyauterie et la marine.

La chirurgie et la chimie ne peuvent s'en passer, et l'on peut dire avec vérité que certaines des plus récentes et des plus merveilleuses découvertes dues à ces deux sciences, n'ont pu s'accomplir que grâce au caoutchouc dont l'élasticité et l'imperméabilité ont permis de concevoir et de fabriquer tant d'ingénieux appareils.

Il en est de même de la physique, dont une branche improvisée d'hier, l'électricité, en serait encore à la période de tâtonnements, si elle n'avait pas eu le caoutchouc à son service.

Que sera-ce demain, si, le problème de la direction des ballons étant définitivement résolu, d'innombrables flottes d'aérostats viennent à s'élancer de tous les points du globe à travers l'immensité de l'océan aérien?

Mais espérons que, grâce à nos savants chimistes, le caoutchouc ne manquera pas. Ils viennent de le découvrir dans une plante appelée *laiteron* ou salade à lapins, et qui se trouve un peu partout.

Questionnaire. — De quoi l'encre se compose-t-elle? — Quelle substance emploie-t-on pour faire les divers crayons? — D'où vient l'ardoise? — Qui a inventé les plumes métalliques? — Comment obtient-on la gomme élastique? — Nommez les divers emplois du caoutchouc.

75. — Les trois états des corps
ET
LES TROIS RÈGNES DE LA NATURE.

On donne le nom de corps, en général, à tout ce qui occupe une certaine portion de l'espace, à tout ce qui peut frapper nos sens. Ainsi un animal, une plante, une pierre, l'eau, l'air, même un grain de poussière, sont des corps.

Tous les corps répandus dans la nature se présentent sous trois aspects ou états différents : l'état solide comme les pierres, le bois ; l'état liquide comme l'eau, l'huile, les sirops ; l'état gazeux comme l'air que nous respirons.

Tous les corps peuvent exister sous les trois états dont nous venons de parler. Ainsi un liquide peut devenir solide, un solide peut devenir gazeux.

Et tout cela par l'effet d'une chaleur suffisante ou d'un froid intense que les savants savent obtenir. Vous vous souvenez de ce que nous avons déjà dit à propos de l'eau.

On divise aussi ce qui existe sur la terre en trois grandes classes qu'on appelle les trois règnes de la nature.

Les corps qui ont la vie, qui naissent et meurent, remuent et agissent, vont et viennent, comme l'homme et les animaux, forment le *règne animal*.

Les corps qui naissent, grandissent et meurent, mais qui sont attachés au sol, qui ne changent pas de place et n'ont pas de volonté, forment le *règne végétal*, tels sont les arbres, les plantes.

Les corps qui n'ont pas de vie, qui ne naissent pas ni ne meurent pas, forment le *règne minéral*, comme les pierres, le sable.

L'histoire naturelle comprend ces trois règnes, c'est-à-dire tout ce qui existe sur le globe que nous habitons, toutes les productions que la terre présente à nos regards ou qui sont enfouies dans son sein.

Questionnaire. — Qu'appelle-t-on corps ? — Sous combien d'états différents les corps peuvent-ils exister ? — Nommez les trois règnes de la nature et ce qui les distingue les uns des autres.

76. — La petite ménagère.

Vous avez dû souvent, mes chères petites, entendre dire lorsqu'on parlait de votre maman, que c'est une excellente ménagère. Cela signifie qu'elle tient sa maison dans un parfait état de propreté; qu'elle prépare les repas de la famille aux heures exactes sans qu'il y ait jamais de retard, et avec toute l'économie désirable; enfin que son mari et ses enfants ont toujours leurs vêtements propres et soigneusement raccommodés. Pour une femme, c'est là le plus utile talent qu'elle puisse posséder, la qualité la plus désirable qu'elle puisse avoir.

Pendant que le mari travaille au dehors, qu'il étend son commerce et cherche à multiplier le nombre de ses affaires, il faut que la femme veille à tout dans l'intérieur de sa maison et qu'elle proportionne ses dépenses à ses ressources.

Avec une femme économe, propre et travailleuse, la misère n'arrive jamais au foyer, à moins qu'il ne survienne des catastrophes imprévues.

Mais que de peines pour la mère de famille! Toujours la première levée et la dernière couchée, elle n'a pas un moment de repos et ses journées se passent dans un labeur continuel, heureuse quand elle se fait seconder dans sa tâche par ses filles.

Une petite fille raisonnable aide chaque jour sa maman dans les travaux les plus faciles du ménage, elle prend pour cela sur ses heures de récréation et se donne des habitudes qu'elle conservera toute sa vie. Je vais, à ce sujet, vous raconter une touchante histoire.

Marie n'avait pas dix ans que déjà elle se rendait utile dans la maison de ses parents et sa mère n'avait presque plus besoin de s'occuper d'elle. Le matin, en se levant, elle faisait son petit lit, retournait son matelas, secouait son traversin et posait comme il faut ses draps et sa couverture; on ne voyait pas un pli. Cette première besogne terminée, elle balayait sa chambre et essuyait ses meubles sans laisser un grain de poussière. Puis, venait le tour des vêtements, elle cirait ses souliers sans trop se salir les doigts, brossait sa robe, se débarbouillait, se lavait les mains et s'habillait. Arrivée à la cuisine, elle n'attendait pas que sa mère lui préparât sa tasse de chocolat, elle le faisait elle-même et surveillait la soupe de son petit frère et le café au lait de son papa et de sa maman. Elle savait mettre le couvert et lavait la vaisselle dans la perfection, sans rien casser, ce qui est assez rare. A quatorze ans, Marie était une bonne petite ménagère; c'est à cet âge que je l'ai connue, je vais vous raconter dans quelle circonstance.

Questionnaire. — Qu'est-ce qu'une bonne ménagère. — Quel est le rôle d'une bonne ménagère. — Que doit faire une fille raisonnable? — Comment se conduisait la petite Marie?

77. — La petite mère.

Hélas! on n'est jamais sûr de rien sur cette terre : telle personne est aujourd'hui dans l'aisance et demain dans la pauvreté; aussi ne devons-nous rien dépenser inutilement, mais songer à l'avenir.

Le père de Marie avait éprouvé des pertes considérables dans son commerce; il fut ruiné, tomba malade et mourut sans laisser aucune ressource à sa femme et à ses deux enfants, qui tombèrent dans la misère.

La pauvre veuve, minée par le chagrin, suivit de près son mari dans la tombe. Avant de mourir elle bénit ses chers enfants et recommandant le petit Charles à sa fille, elle lui dit : « Aie soin de ton frère, je le place sous ta protection; travaille avec courage, sois toujours bonne, vertueuse, et Dieu aura pitié des orphelins. »

Marie n'eut garde d'oublier les recommandations de la mourante; elle ne cessa de les avoir toujours présentes à l'esprit. Elle devint grave et sérieuse, on ne la vit plus rire ni s'amuser, elle prit soin de son frère et fut véritablement *sa petite mère*. Mais, arrivons au fait qui m'a procuré la joie de connaître un cœur si bon et si dévoué.

Un jeudi, par une chaude après-midi de juillet, assise sous les grands arbres d'une promenade publique, je regardais jouer des enfants. Sous la garde vigilante des

nourrices et des bonnes, les petits se livraient à la confection d'énormes pâtés de sable, les moyens s'amusaient à la balle, au cerceau, des fillettes sautaient à la corde, d'autres promenaient gravement leurs poupées, jouant à la maman, à la dame qui rend des visites, pendant que les garçonnets attelés au moyen de rênes en cuir, agrémentées de grelots, venaient dans une course folle, riant comme des bienheureux, jeter le désarroi au milieu de ce petit monde.

Alors les bébés pleuraient leurs pâtés renversés, les petites filles se garaient, serrant leurs poupées à pleins bras,

les sauteuses de corde se querellaient sur les coups dont ces vilains garçons venaient de leur faire perdre le nombre ! Les nourrices consolaient ceux-ci, les bonnes grondaient ceux-là, puis, le calme renaissait et les jeux reprenaient de plus belle !

A ce moment, une toute jeune fille portant sur ses bras

un enfant de deux ans vint s'asseoir à l'extrémité de mon banc; elle posa le petit à terre, ramena le sable de l'allée avec une pelle, en fit un tas, tira de la poche de son tablier un minuscule seau bariolé de rouge et de bleu : « Tiens, mon Charlot, joue, » dit-elle en riant à l'enfant qui lui souriait aussi. Et le bébé, pauvrement mais bien proprement vêtu, se mit à faire des pâtés.

Retourner le seau lui paraissait une grosse difficulté, car aussitôt que celui-ci était plein, il relevait sa figure joufflue vers la jeune fille en disant : « Tite maman! tite maman!. » et elle, bien vite, démoulait le pâté à la grande joie de l'enfant qui poussait de joyeux éclats de rire.

Je regardai alors la jeune fille; elle n'était pas jolie, mais sa physionomie intéressait. Sa pauvreté se devinait plutôt qu'elle ne se montrait : son col très blanc, sa robe vieille mais sans tache, son tablier de cotonnade bien lissé prévenaient en sa faveur. Comme elle semblait l'aimer, ce petit! Du reste, il était drôle, le bambin, et pas timide.

Les enfants devinent ceux qui les aiment, et le bébé, m'ayant fait quelques agaceries auxquelles je m'étais empressée de répondre, me confia à plusieurs reprises le soin de renverser le seau. Bien que je n'en eusse pas l'habitude, je ne m'en tirai pas trop mal. Bref, en moins d'un quart d'heure, M. Charlot et moi étions devenus une paire d'amis.

La jeune fille, après m'avoir remerciée, s'était mise à

tricoter avec une dextérité vertigineuse. A cinq heures, elle plia bagage, ramassa le seau, la pelle, prit Charlot dans ses bras, me salua et s'éloigna prestement.

Cette jeune fille m'intéressait vivement et je voulus  savoir qui elle était afin de pouvoir lui être utile à l'occasion. Je la suivis de loin et je la vis entrer dans une maison d'assez pauvre apparence, dont la concierge prenait le frais devant la porte.

Je m'approchai et je demandai à cette femme, comme si j'y étais particulièrement intéressée, quelques renseignements sur la jeune fille qui venait d'entrer. Il me semblait, et j'avais raison, que ces dehors modestes cachaient une âme d'élite et que sous cette robe commune battait un cœur d'or.

Voici ce que j'appris : Lorsque Charles et sa sœur perdirent leur mère, des gens compatissants voulurent faire entrer le petit orphelin aux Enfants trouvés; mais sa sœur s'y opposa formellement. « Personne n'a le droit de me prendre mon petit frère, disait-elle le cœur gonflé de sanglots, je veux l'élever, je l'ai promis à maman. » Et quand on lui démontrait que ce serait bien difficile : « Laissez-moi faire; j'en viendrai à bout; c'est mon devoir, Dieu m'aidera... » Et de fait, il l'a aidée car tout le monde dans la maison s'est intéressé à ces pauvres enfants. D'abord, le propriétaire a diminué le loyer de la chambre, puis des bonnes voisines ont gardé le bambin pendant la journée pour que Marie pût travailler à la couture chez sa maîtresse d'apprentissage. Elle a commencé à gagner vingt francs par mois et sa nourriture, et aujourd'hui la petite mère, comme on l'appelle dans le quartier, gagne ses trois francs par jour et la table ; car, ajoutait la concierge, il paraît qu'elle a une grande *capacité!*

Je me retirai sur ces détails, émue et attendrie, non sans avoir remis à cette brave femme une pièce de vingt francs pour mon petit ami Charlot.

Enfants, prenez de bonne heure l'habitude du travail : vous pourrez ainsi, si le malheur vous frappe, le supporter avec dignité.

Questionnaire. — Quels malheurs vinrent frapper Marie ? — Que lui dit sa mère en mourant ? — Marie suivit-elle les recommandations de sa mère ? — Dites quels soins elle prit de son petit frère. — Raconter la visite de la dame chez la concierge.

78. — Baptême d'une poupée

OU

LES TROIS COULEURS DU DRAPEAU FRANÇAIS.

Trois enfants de six à sept ans,
    Toutes petites filles,
Causaient un beau jour de printemps
    Sous d'ombreuses charmilles.
Chacune était à deviser,
    Gravement occupée
Il s'agissait de baptiser
    Une énorme poupée.

Moi, dit d'un ton officiel
    La fille d'un notaire,
Je voudrais sa robe bleu ciel ;
    Ce sera beau, j'espère !

Quant à son nom, parmi beaucoup
    Je choisirais Marie,
Sa fête serait le quinze août,
    Dans la saison fleurie.

Quant à moi dans mes sentiments
    Mon avis est contraire,
Dit la seconde des enfants,
    Noble et riche héritière.
Je veux l'habiller tout en blanc
    C'est la couleur divine,
Et la baptiser noblement
    Du nom royal d'Hermine.

Tout ça, c'est très beau, j'en conviens,
 Répliqua la dernière ;
Elle était, si je m'en souviens,
 Fille d'un prolétaire.
Je trouve qu'en fait de couleur
Le rouge est bien plus crâne !
Et je l'appellerai sans peur
 Du nom de Marianne.

Des discours on en vint aux mots
 Et dans cette épopée,
On faillit mettre en trois morceaux
 L'innocente poupée.
Mais une voix parmi les fleurs,
 Leur dit : Enfants, silence !
Que sa robe ait les trois couleurs,
 Son nom sera : la France !

Au milieu des souples roseaux
 Que le Créateur sème,
La tribu des petits oiseaux
 Présidait au baptême.

Nunès frères.

Le drapeau français est comme un catéchisme patriotique écrit avec des couleurs. Il est pour tous l'emblème de la patrie ; pour le soldat, c'est plus encore, c'est l'honneur du régiment. Voici comment un écrivain explique la signification du drapeau tricolore :

Le *rouge* qui pend à terre nous rappelle qu'on doit toujours être prêt à donner sa vie pour sa patrie et à répandre son sang pour elle. Le *blanc* est la couleur de la pureté ; il nous dit : « Soyez purs et sans tache ; c'est-à-dire : soyez sans haine et sans envie, sans aucun des sentiments bas qui dégradent et qui souillent l'âme. » Le *bleu* qui est au-dessus du drapeau, est la couleur du ciel au-dessus de nos têtes, il nous dit : « Plus haut ! toujours plus haut ! Élevez vos cœurs et vos âmes ; et, par vos actes, rendez la France forte et glorieuse, afin qu'elle brille au premier rang parmi les nations. »

Questionnaire. — Qu'est-ce que le drapeau ? — Quelle est la signification des couleurs du drapeau français ?

CHANSON D'ÉTÉ

PAROLES de
GEORGES HAURIGOT.

MUSIQUE de
CLAUDE AUGÉ.

Soleil, soleil, chauffe le monde,
Verse la vie et la gaîté,
Et que la plaine, verte ou blonde,
Partout ruisselle de clarté !

En avant ! bataillons d'abeilles,
Butinez-moi toutes ces fleurs ;
Vous, bien vite à l'assaut des treilles,
Merles goulus, moineaux voleurs !

Lauriers, poussez vos gais feuillages ;
Lierre, escalade les ormeaux :
Pour les enfants qui furent sages,
Nous tresserons vos verts rameaux.

Vers les blés mûrs, or de la plaine,
O moissonneur, hâte tes pas !
Que dans les champs, à perdre haleine,
On puisse avoir ses francs ébats !

80. — La bonne Vieille et le Soldat.

Vous savez bien, mes enfants, qu'il n'est pas dans les attributions de la femme de servir la patrie et de lui consacrer quelques années de son existence. Cet honneur est réservé aux hommes; mais la femme a aussi des devoirs patriotiques à remplir. Elle doit aimer la France et la faire aimer autour d'elle. La mère doit inspirer cet amour à ses fils dès leur plus jeune âge et quand vient le moment d'en faire des soldats, c'est à elle qu'il incombe de leur donner l'exemple de la fermeté et du courage.

Un autre devoir patriotique des femmes consiste à recevoir convenablement et de bonne grâce les militaires qui changent de garnison et font étape dans un pays. Il paraît, chose triste à dire, que parfois nos pauvres troupiers subissent les rebuffades de la mauvaise humeur; on les trouve embarrassants et malpropres... De tels sentiments sont honteux!

Il n'en est pas toujours ainsi, heureusement. Nos soldats de passage reçoivent souvent une cordiale hospitalité. Écoutez plutôt ce que dit à ce sujet le poète Paul Déroulède.

DEVOIRS PATRIOTIQUES DES FEMMES.

Le Maire a fait annoncer à son de caisse qu'un régiment va faire halte le lendemain dans le pays. Au jour dit, un soldat se présente au seuil d'une maison. Une bonne vieille le reçoit d'un air aimable et joyeux, et vite elle court au foyer, attise son feu, car il fait froid et il a plu.

Bonne vieille, que fais-tu là ?
Il fait assez chaud sans cela,
Tu peux laisser tomber la flamme,
Ménage ton bois, pauvre femme,
Je suis séché, je n'ai plus froid.
Mais elle qui ne veut m'entendre,
Jette un fagot, range la cendre :
« Chauffe-toi, soldat, chauffe-toi. »

Se chauffer, c'est bien ; mais ce n'est pas assez, pense la vieille : la route a été longue, la marche a aiguisé l'appétit, l'estomac est vide. En un clin d'œil, la nappe blanche est posée sur la table, la soupe fumante réjouit l'odorat à côté du jambon et de la bouteille de vin :

Bonne vieille, je n'ai pas faim.
Garde ton jambon et ton vin ;
J'ai mangé la soupe à l'étape.
Veux-tu bien m'ôter cette nappe !
C'est trop bon et trop beau pour moi.
Mais elle, qui n'en veut rien faire,
Taille mon pain, emplit mon verre :
« Refais-toi, soldat, refais-toi. »

Le repas terminé, il faut penser au coucher et reprendre des forces pour le lendemain. A vingt ans, on dormirait sur des pierres ; une botte de paille dans un coin, c'est assez... Quoi! un soldat coucher par terre, sur de la paille! C'est bon sous la tente et en campagne. Ici, non, et le lit a bientôt de beaux draps blancs.

Bonne vieille, pour qui ces draps?
Par ma foi, tu n'y penses pas!
Et ton étable? Et cette paille
Où l'on fait son lit à sa taille!
Je dormirai là comme un roi.
Mais elle, qui n'en veut démordre,
Place les draps, met tout en ordre :
« Couche-toi, soldat, couche-toi. »

La nuit est passée, le jour vient, le clairon sonne : alerte vaillant troupier!... Il remercie affectueusement sa bonne hôtesse et prend son sac. Mais qu'il est lourd! Que de provisions il contient! Pourquoi tant de bontés?... Vous allez voir :

— Le jour vient, le départ aussi. —
Allons! adieu... Mais qu'est ceci?
Mon sac est plus lourd que la veille...
Ah! bonne hôtesse! Ah! chère vieille!
Pourquoi tant me gâter, pourquoi?
Et la bonne vieille de dire,
Moitié larme, moitié sourire :
« J'ai mon gars soldat comme toi! »

Questionnaire. — Quels sont les devoirs des hommes envers la patrie? — Quels sont les devoirs patriotiques des femmes? — Racontez comment une bonne vieille a reçu chez elle un soldat qui faisait étape. — Dire à qui elle pensait en le soignant si bien.

81. — L'Oncle marin.

LA TERRE. — LE SOLEIL. — LES ÉTOILES.

— Mon oncle, disait un jour Solange, à un de ses oncles, marin, qui s'intitule lui-même, un *vieux loup* de mer, est-ce bien vrai que vous avez fait le tour du monde ?

— Rien de plus vrai, ma nièce, je l'ai fait même deux fois et aujourd'hui la chose n'est pas rare. Le premier navigateur qui ait tenté cette entreprise hardie est le Portugais Magellan qui partit d'Espagne en 1519. Au XVIII° siècle de nombreux voyages ont été entrepris dans l'intérêt de la science, et Bougainville le célèbre marin est le premier Français qui ait fait le tour du monde, c'est-à-dire de la terre, dans son voyage de 1766 à 1769.

— La terre n'est donc pas plate, puisqu'on peut en faire le tour ?

— Non, mon enfant, la terre est un globe de matière isolé dans l'espace, sans soutien d'aucune sorte, comme un boulet qui se tiendrait seul dans l'air, comme ces petits ballons captifs qui s'élèvent et planent dans l'atmosphère lorsqu'on a coupé le mince cordon qui les retenait.

— Vous dites que la terre est un globe, elle est donc ronde ?

— Oui, ronde comme une boule, un peu aplatie, il est

vrai, mais bien peu, comme, par exemple, une balle de caoutchouc qu'on presserait légèrement entre deux planchettes parallèles; les deux points aplatis sont les *pôles*; le cercle qui suit le milieu de la partie renflée représente l'*équateur*.

— Et les hautes montagnes ne l'empêchent donc pas d'être ronde?

— Par rapport à la grosseur de la terre, les plus hautes montagnes sont moins élevées et produisent moins d'effet que les aspérités de la peau d'une orange.

— Oh! qu'elle doit être grande!

— Elle mesure dix mille lieues ou quarante mille kilomètres de tour. Et avec les moyens de locomotion si rapides dont on dispose maintenant il est bien difficile d'en faire le tour en moins de 80 jours. Si, par impossible, on pouvait établir un chemin de fer autour d'elle, on mettrait environ un mois pour accomplir ce voyage, à la condition de ne s'arrêter ni jour ni nuit. Et pourtant la terre est bien petite si on la compare au soleil qui nous éclaire et qui est un million trois cent mille fois plus gros qu'elle.

— C'est extraordinaire! J'aurais cru que le soleil est bien plus petit que la terre.

— Non, mon enfant; le soleil ne nous paraît petit que parce qu'il est très loin de nous, à 38 millions de lieues. Pour franchir cette distance, il nous faudrait voyager, sans nous arrêter, 500 ans en chemin de fer.

— Mais, comment la terre fait-elle pour se maintenir immobile dans l'espace? Rien ne la retient?

— La terre n'est pas immobile comme tu le crois; elle vole dans l'espace avec une vitesse vertigineuse, et tourne autour du soleil qui l'attire comme l'aimant attire le fer. Cette attraction empêche la terre de s'éloigner du soleil, et la ferait même tomber sur cet astre, comme les pierres tombent sur la terre, si elle venait à être arrêtée dans sa course. En même temps elle tourne sur elle-même. Ainsi, par exemple, si tu lances une bille vers un but, la bille avant d'atteindre ce but, tournera bien des fois sur elle-même; cela peut te faire comprendre le double mouvement de la terre.

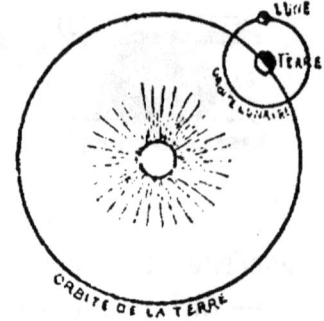

— Mais, si la terre se déplace, pourquoi ne sentons-nous pas ce mouvement?

— C'est parce qu'il se fait sans secousse et que tout ce qui nous entoure tourne en même temps que nous.

Le mouvement de la translation de la terre autour du soleil se nomme *révolution* et la grande circonférence qu'elle décrit dans le parcours s'appelle *orbite*. La terre accomplit sa révolution en une année de 365 jours un quart avec une vitesse de plus de six cent mille lieues par jour.

Le mouvement de *rotation*, que fait la terre en pivotant sur elle-même, s'opère dans le même sens que le mouvement de *translation*, c'est-à-dire de l'ouest à l'est. Il dure vingt-quatre heures, et c'est ce mouvement qui produit le jour et la nuit; car la terre, en tournant sur elle-même, présente tour à tour au soleil un des points de sa surface, et chaque pays se trouve ainsi tantôt du côté du soleil, tantôt du côté opposé.

— On dit pourtant que le soleil se lève, se couche; ce n'est donc pas vrai?

— Le lever et le coucher du soleil ne sont que des apparences produites par le mouvement de rotation de la terre; c'est quelque chose de semblable à ce qui arrive lorsque nous sommes en bateau : il nous semble que ce sont les arbres de la rive qui se meuvent tandis que c'est nous qui avançons.

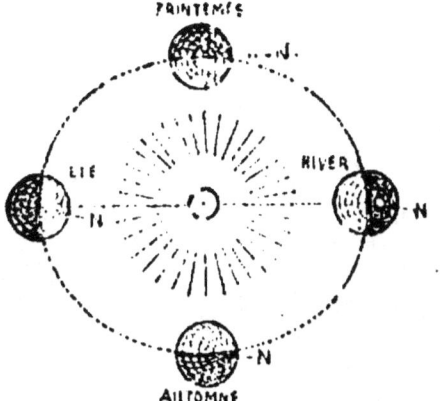

— Je comprends bien à présent comment le jour et la nuit se succèdent régulièrement, mais qui est-ce qui produit les saisons ?

— Tu es bien curieuse, ma petite Solange, mais tu seras satisfaite si tu veux être bien attentive. Écoute bien. La terre a un troisième mouvement dont je ne t'ai pas encore parlé, une sorte de balancement comme celui que prennent quelquefois les toupies.

En se balançant ainsi, elle présente alternativement au soleil son pôle nord et son pôle sud, chacun pendant six mois. Le pôle qui est du côté du soleil est en *été*, et l'autre en *hiver*; le *printemps* est la saison de passage de l'hiver à l'été et l'*automne*, la saison de passage de l'été à l'hiver.

— Et la lune que nous voyons parfois si brillante, la nuit, qu'est-ce que c'est ?

— La lune accompagne la terre dans ses voyages à travers l'espace. Elle tourne autour de la terre comme celle-ci tourne autour du soleil : elle est un *satellite* de la terre.

Elle met 27 jours un tiers pour faire le tour de la terre, et elle est à peu près 50 fois plus petite qu'elle.

La distance de la terre à la lune n'est que de quatre-vingt-seize mille lieues, c'est-à-dire qu'elle est 400 fois plus petite que celle de la terre au soleil.

— Et que sont les astres qui scintillent en si grand nombre?

— Quelques-uns sont des corps qui tournent, comme la

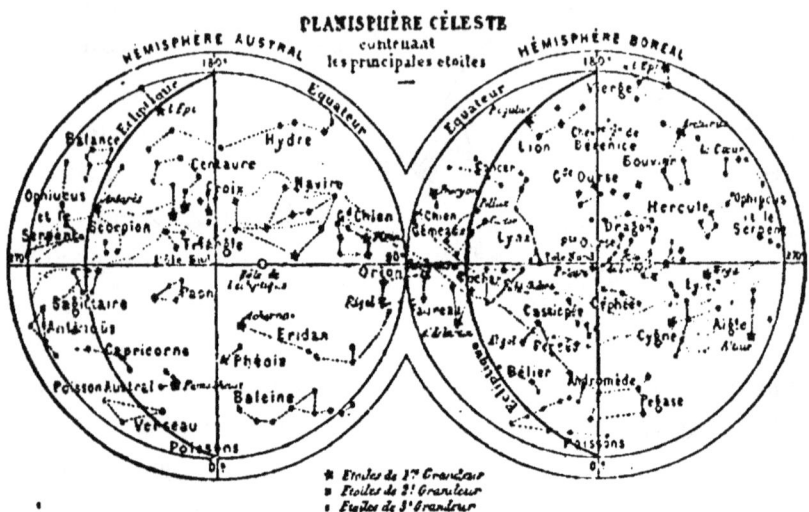

terre, autour du soleil et réfléchissent sa lumière : on les appelle des *planètes;* la terre, la lune sont des planètes. Les autres, en nombre beaucoup plus grand, sont appelés *étoiles;* ce sont des soleils qui, comme le nôtre, brillent d'une lumière propre, mais ces astres sont à des distances incalculables; en voici une preuve : la lumière parcourt soixante-dix mille lieues par seconde, — le temps de dire *un* — et malgré cette vitesse effrayante l'étoile la plus rapprochée de nous met mille jours à nous envoyer sa lumière, et il y en a un grand nombre dont la lumière ne nous est pas encore parvenue.

Ainsi, mon enfant, le ciel est l'espace immense qui nous environne; cet espace est peuplé d'une infinité de soleils;

celui qui nous éclaire et qui n'est pas un des plus gros, est le centre d'un petit monde de planètes qui tournent autour de lui, et dont quelques-unes entraînent avec elles un ou plusieurs satellites. Le soleil lui-même n'est pas immobile; il vole dans l'espace, à ce que disent les savants, emportant avec lui toute cette petite famille.

Questionnaire. — Quel est le premier français qui a fait le tour du monde? — Qui l'avait fait avant lui? — Quelle est la forme de la terre, sa circonférence? — A quelle distance est-elle du soleil et combien de fois est-elle plus petite que lui? — Parlez des divers mouvements de la terre et dites le temps qu'elle met pour les accomplir. — Qu'appelle-t-on orbite, saisons? — Qu'est-ce que la lune? A quelle distance est-elle de la terre et combien de temps met-elle à en faire le tour? — Qu'appelle-t-on étoiles, planètes? — Nommez les principales constellations que vous voyez sur le planisphère céleste.

82. — La Mer ou Océan.
L'ÉTOILE POLAIRE. — LA BOUSSOLE.

— Mon oncle, cela doit vous paraître extraordinaire de marcher sur la terre, vous n'y êtes plus habitué?

— En effet, car je pourrais presque dire que j'ai plus habité l'eau que la terre et mon vaisseau que ma maison.

Autrefois les traversées duraient longtemps; aujourd'hui, grâce à la vapeur, on accomplit en quelques semaines, ce qui réclamait des années. On peut aller du Havre à New-York en neuf jours; de Marseille à Bombay dans l'Inde anglaise en vingt jours; de Marseille au Japon en cinquante jours, et la distance est de quatre mille cinq cents lieues.

— Il y a donc beaucoup d'eau sur la terre?

— Certes, oui, les terres n'occupent qu'un quart de la surface du globe; les eaux qui forment la mer ou océan occupent les trois autres quarts.

— Est-ce qu'il n'y a qu'une seule mer?

— Oui, car on appelle mer ou océan, en général, la vaste étendue d'eau qui entoure de toutes parts les continents ; mais cette eau reçoit plusieurs noms suivant la place qu'elle occupe. Ainsi, il y a : l'océan Atlantique, l'océan Pacifique ou grand Océan, l'océan Indien, etc.

— Et comment les marins peuvent-ils se guider au milieu de l'immensité des mers ?

— Pour se guider, il suffit de  savoir où sont les points cardinaux. Quels sont les points cardinaux ? Le sais-tu ?

— Certainement, mon oncle. Il y a quatre points cardinaux : Le NORD, qu'on appelle encore *septentrion*; l'EST, appelé aussi *levant* ou *orient*; le SUD, qu'on appelle aussi *midi* et l'OUEST, qu'on appelle encore *couchant* ou *occident*.

— C'est très bien, mon enfant; eh bien, pour s'orienter, il faut se placer de manière à avoir, à sa droite, l'est, c'est-à-dire le côté où le soleil semble se lever. Alors on a l'ouest à sa gauche, le nord devant soi et le sud derrière.

— Cependant, la nuit, on ne peut plus se guider sur le soleil.

— C'est vrai, mais alors on a l'étoile polaire, appelée aussi la *tramontane*. Son nom d'*étoile polaire* lui vient de ce qu'elle marque le pôle nord. Un homme placé au pôle nord de la terre l'aurait directement au-dessus de la tête. Seule, parmi tous les astres qui scintillent dans le firmament, l'étoile polaire reste immobile dans les cieux. Elle sert de point fixe aux navigateurs de l'océan sans routes, comme aux voyageurs du désert inexploré.

— Mais, par des temps de brouillards très épais qui empêchent de voir, le jour, où le soleil se lève et, la nuit, l'étoile polaire, il est donc impossible de s'orienter?

— Non, ma chère petite.

Les marins ont la boussole pour se guider sur les flots. On nomme *boussole* un cadran au centre duquel est fixée une aiguille aimantée et mobile dont la pointe se dirige constamment vers le nord.

— Qui donc a inventé cet instrument précieux?

— On prétend que les Chinois en faisaient usage plus de mille ans avant l'ère chrétienne. C'est un Italien Flavio Gioja qui eut, dit-on, le premier en Europe l'idée de suspendre l'aiguille aimantée sur un pivot où elle peut tourner librement.

On a utilisé l'aimant pour les jouets d'enfants. Tu sais qu'il a la propriété d'attirer le fer et l'acier. J'ai vu plusieurs fois des enfants s'amuser avec des cygnes et des canards tout petits et construits en fer, ils les mettaient sur l'eau, leur présentaient une baguette d'acier aimanté, et, par ce moyen, cygnes et canards se promenaient de tous les côtés, au gré de l'enfant qui dirigeait l'aimant.

Questionnaire. — Quelle est la distance de Marseille au Japon. — Combien faut-il de jours pour faire cette traversée? — Qu'appelle-t-on mer ou océan? — Qu'est-ce que l'étoile polaire? — Comment les marins peuvent-ils s'orienter sur la mer? — Dites en quoi consiste la boussole et ce que c'est que l'aimant.

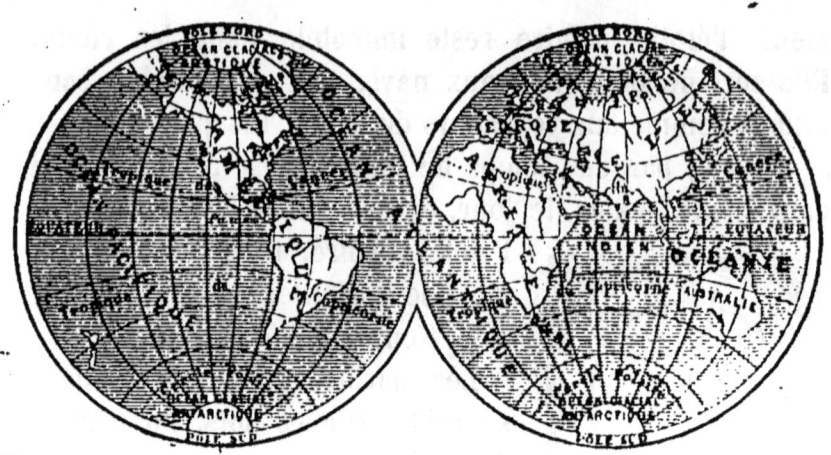

83. — Les Continents.

CHRISTOPHE COLOMB. — SUEZ ET PANAMA.

— Maintenant, je voudrais savoir, mon oncle, dans quelle partie du monde vous avez voyagé.

— Dans les cinq parties, ma chère petite. L'ancien continent qui comprend l'Europe, l'Asie et l'Afrique m'est aussi connu que le nouveau. Tu sais que le nouveau continent est ainsi appelé parce qu'il n'a été découvert qu'en 1492, par le célèbre navigateur génois, Christophe Colomb. Cette partie du monde s'appelle encore Nouveau-Monde ou Amérique, dénomination que les premiers cartographes lui donnèrent, du nom d'un navigateur florentin, Améric Vespuce, qui, après Colomb, visita quatre fois le Nouveau-Monde. Colomb était au service de l'Espagne quand il découvrit l'Amérique, il mourut pauvre et délaissé; c'est souvent le sort des grands hommes de n'être point appréciés durant leur vie; on ne leur rend justice qu'après leur mort.

L'Amérique se divise en deux parties séparées par l'isthme de Panama. Cette *langue de terre* n'a environ que soixante-quinze kilomètres de largeur.

En ce moment, celui qu'on appelle le *grand Français*, M. de Lesseps, fait percer cet isthme comme il a déjà fait percer l'isthme de Suez. Ce travail gigantesque abrégera de 3,300 lieues la distance qui sépare le Havre de San Francisco. En contournant l'Amérique du Sud, la traversée est de 6,500 lieues.

Travaux de percement

Pareil résultat a été obtenu pour l'isthme de Suez. Le canal, ouvert en 1869, a 160 kilomètres de longueur de Port-Saïd à Suez. Avant le percement, la distance entre Marseille et les ports de l'Hindoustan était de 6,000 lieues. Par l'isthme, elle n'est plus que de 3,000. C'est un Français qui a accompli ce travail merveilleux, nous avons le droit d'en être fiers.

Questionnaire. — Qu'est-ce qu'un continent ? — Qu'appelle-t-on ancien et nouveau continent ? — D'où vient le nom d'*Amérique* ? — Qui a percé l'isthme de Suez et perce en ce moment l'isthme de Panama ? — Faites voir l'avantage de ces travaux gigantesques au point de vue de la navigation et du commerce.

84. — Races humaines.
COLONIES FRANÇAISES.
LA MARINE. — NOTRE PATRIE.

— On m'a dit, mon oncle, qu'il existait des hommes de couleur, est-ce vrai ?

— Oui, suivant les pays et les climats, on remarque certaines différences dans l'espèce humaine. On la partage ordinairement en trois races : la race *blanche* ou caucasique ; la race *jaune* ou mongolique ; la race *noire* ou éthiopique.

La race *blanche*, à laquelle nous appartenons, habite surtout l'Europe, mais on la retrouve dans les autres parties du monde.

La race *jaune* habite le centre et l'est de l'Asie, la Chine et le Japon. Elle a la face aplatie, les pommettes saillantes, les yeux étroits et obliques, la peau olivâtre.

La race *noire* habite principalement l'Afrique et l'Océanie ; elle a été transportée en Amérique par les marchands d'esclaves. Elle est caractérisée par son nez écrasé, ses mâchoires saillantes, ses lèvres lippues, ses cheveux lainés et crépus, et sa peau noire.

Je dois ajouter, pour être complet, qu'il existe des hommes *rouges* en Amérique, les indigènes, et qu'une race brune habite la Malaisie.

— Et quelle est donc, mon cher oncle, l'utilité des voyages ?

— La navigation, ma petite Solange, répand des germes de civilisation dans les pays barbares, relie entre elles des contrées inconnues l'une de l'autre, établit des relations entre les divers peuples et rapproche les hommes qui s'aiment davantage à mesure qu'ils se connaissent mieux.

Ce n'est pas tout : les marins font respecter nos nationaux dans les pays étrangers.

Tu connais bien, n'est-ce pas, les principales colonies de la France.

— Je sais que nous possédons, en Afrique, l'Algérie et le Sénégal ; en Océanie, la Nouvelle-Calédonie ; en Amérique, une partie de la Guyane, la Martinique et la Guadeloupe; en Asie, le Tonkin et la Cochinchine.

Je sais aussi que la reine de Madagascar, le bey de Tunis et le roi d'Annam sont sous la protection de la France.

Une dernière question : Mon oncle, dans tous vos voyages, quel est, parmi le pays que vous avez vus, celui que vous préférez?

— Belle question, ma chère nièce. Le plus beau pays du monde, le plus cher à mon cœur, c'est la France. La France a tous les charmes, tous les attraits : un climat doux et tempéré, un air pur et salubre, des sites enchanteurs. Elle produit des moissons abondantes, des fruits délicieux, des vins que nous envient les étrangers. Son sol renferme de riches carrières de pierre et de marbre, des mines précieuses comme la houille et le fer, et elle est arrosée par de nombreux cours d'eau.

Aussi, lorsque nous autres, marins, sommes loin de la patrie, notre pensée se reporte sans cesse vers elle. Que de fois, le soir, au milieu de l'immensité des mers, j'ai redit dans mon cœur ces vers de Chateaubriand :

Combien j'ai douce souvenance
Du joli lieu de ma naissance !
Ma sœur, qu'ils étaient beaux, les jours
   De France !
O mon pays, sois mes amours,
   Toujours !

Te souvient-il que notre mère
Au foyer de notre chaumière,
Nous pressait sur son cœur joyeux,
   Ma chère,
Et nous baisions ses blancs cheveux,
   Tous deux ?

Ma sœur, te souvient-il encore
Du château que baignait la Dore,
Et de cette tant vieille tour
   Du Maure,
Où l'airain sonnait le retour
   Du jour ?

Te souvient-il du lac tranquille
Qu'effleurait l'hirondelle agile,
Du vent qui courbait le roseau
   Mobile,
Et du soleil couchant sur l'eau,
   Si beau ?

Questionnaire. — En combien de races partage-t-on l'espèce humaine, et quels sont les principaux signes qui les distinguent. — Énumérez les services que la marine rend à notre pays. — Quelles sont les principales colonies françaises ? — Pourquoi les Français aiment-ils tant leur patrie ?

85. — Le retour dans la Patrie.

Un de nos plus aimables poètes, un chansonnier remarquable, Béranger, a raconté dans de beaux vers, la joie qu'éprouve un voyageur en retrouvant sa patrie après une  longue absence. Lisez ces vers charmants, mes chères petites, ils vous feront apprécier le langage poétique que vous ne connaissez pas encore, et qu'on appelle aussi le *langage des dieux*.

Tous en naissant nous apportons dans nos cœurs l'amour de la patrie, c'est-à-dire du pays de nos pères, de la terre où nous sommes nés et où habitent ceux que nous aimons.

L'homme obligé de quitter son pays n'a plus qu'un désir : le revoir. Loin des lieux chéris qui l'ont vu naître, il ne peut goûter le bonheur. Bien vite, il est en proie à cette maladie qui le rend triste, languissant et qu'on appelle nostalgie ou mal du pays.

Aussi, quelle joie lorsqu'il se dispose au retour. Qu'ils sont longs les jours qui le séparent encore de sa patrie, et que les heures sont lentes à s'écouler !

Regardez! Le voilà sur le pont du navire, son cœur bat avec force, sa figure est rayonnante, ses yeux se fixent toujours sur le même point de l'horizon. Tout à coup, le matelot, grimpé dans les mâts, dit d'une voix joyeuse : Terre!

Le voyageur se découvre, ses yeux se remplissent de larmes et il s'écrie : Salut à ma patrie! « Vive la France! »

Qu'il va lentement le navire
A qui j'ai confié mon sort !
Au rivage où mon cœur aspire,
Qu'il est long à trouver un port !
    France adorée !
    Douce contrée !
Mes yeux, cent fois ont cru te découvrir.
    Qu'un vent rapide
    Soudain nous guide
Aux bords sacrés où je reviens mourir.
Mais enfin le matelot crie :
« Terre ! terre ! là-bas, voyez ! »
Ah ! tous mes maux sont oubliés.
    Salut à ma patrie !

Cependant on avance ; le rivage est plus distinct. Voici le port où le voyageur s'embarqua il y a vingt ans, vingt siècles pour son cœur. Il aperçoit la place où, enfant, il aimait à courir. Les toits des maisons se dessinent, la fumée s'élance dans les airs. Puis, plus loin, là-bas, dans ce coin, est la maison paternelle. Là se trouve une vieille mère qui, depuis longtemps, hélas ! attend son fils. Avec quel bonheur elle va le serrer dans ses bras !

Oui, voilà les rives de France ;
Oui, voilà le port vaste et sûr,
Voisin des champs où mon enfance
S'écoula sous un chaume obscur.

France adorée !
Douce contrée !
Après vingt ans je te revois :
De mon village
Je vois la plage,
Je vois fumer la cime de nos toits.
Combien mon âme est attendrie !
Là furent mes plus heureux jours,
Là ma mère m'attend toujours.
Salut à ma patrie !

Le navire approche, il se balance majestueusement ; enfin, il entre au port... Une foule nombreuse acclame les passagers. L'un d'eux descend le premier, et, en touchant terre, il se jette à genoux, l'embrasse et remercie le ciel. Il foule le sol sacré de la patrie, désormais il peut mourir !

Au bruit des transports d'allégresse,
Enfin le navire entre au port,
Dans cette barque où l'on se presse,
Hâtons-nous d'atteindre le bord.
France adorée !
Douce contrée !
Puissent tes fils te revoir ainsi tous !
Enfin j'arrive,
Et sur la rive,
Je rends au ciel, je rends grâce à genoux,
Je t'embrasse, ô terre chérie !
Dieu ! qu'un exilé doit souffrir !
Moi, désormais je peux mourir.
Salut à ma patrie !

Questionnaire. — Qu'est-ce que la patrie ? — Qu'est-ce que la nostalgie ? — Quelles émotions éprouve le voyageur qui revoit sa patrie après une longue absence ?

86. — La rosée d'or.

Jean-Claude était un jeune garçon, bien avisé pour son âge, mais qui n'avait vu encore que vingt récoltes d'avoine; aussi, n'avait-il pas, comme on dit, assez charroyé pour savoir éviter les ornières.

Resté maître de son bien, il était en grand souci de tout ce que la négligence y avait semé d'épines et de chardons. Chaque jour il allait d'un champ à l'autre, examinant les ronces ou les cailloux, comptant ce qu'il faudrait de travail pour remettre les choses en état et tandis qu'il calculait, la mauvaise herbe grandissait toujours.

Un soir qu'il regardait une friche, les mains dans ses poches, et qu'il se demandait enfin pourquoi Dieu fait pousser tant de chiendent et de plantain au lieu de seigle ou de froment, une pauvre vieille femme passa et lui demanda l'aumône au nom de celui qui l'accorde chaque jour aux hommes.

Jean-Claude avait la poche près du cœur; il eut pitié de la mendiante, et cherchant un sou au fond de son gousset : « Prenez, vieille mère, dit-il, ceci ne vous fera guère riche; mais Dieu sait que, pour le moment, j'ai à mon service plus de soucis que de monnaie.

— C'est la bonne volonté qui donne la valeur au cadeau,

répliqua la mendiante, et puisque mon jeune maître ne détourne pas la tête de ceux qui demandent, il est juste de récompenser sa charité.

— Et comment le pourriez-vous, pauvre femme? reprit le jeune homme avec étonnement.

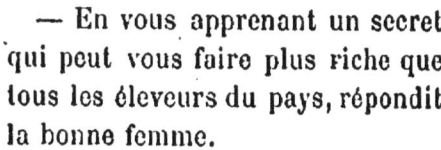

— En vous apprenant un secret qui peut vous faire plus riche que tous les éleveurs du pays, répondit la bonne femme.

Jean-Claude ouvrit des yeux aussi grands que ceux d'un chat affamé à qui on montre une jatte de crème.

Et ce secret? demanda-t-il tout effaré.

— C'est que votre terre a le don de la *rosée d'or*, répliqua la vieille femme. Une fois tous les trois ans, il y pleut des louis qui ne peuvent être trouvés que par le propriétaire du champ; mais, pour cela, il faut qu'il y arrive le premier et qu'il soit au travail avant le jour.

— Et que faut-il pour rompre le charme et ramasser l'or?

— Rien que ces mots : « Terre, rends-moi ce que je t'ai donné! »

Jean-Claude demanda beaucoup d'autres détails auxquels la vieille femme répondit; puis il rentra l'esprit agité de ce qu'il venait d'apprendre. Toute la nuit, il ne put penser à autre chose. Il voyait les louis fleurir sur ses vingt arpents comme des renoncules sauvages, il les cueillait à poignées, il les entassait à ses pieds, il en avait d'abord jusqu'à la cheville, puis jusqu'aux genoux, puis jusqu'à la ceinture; il se sentait dans un bain d'or! Le matin, bien longtemps avant le lever du soleil, il se leva, prit sa pioche et courut au champ le plus voisin où il se mit à défricher en attendant l'apparition de l'opulente rosée. Mais le soleil se montra sans qu'il l'eût vue tomber; il n'avait pu espérer une réussite aussi prompte : c'était sans doute pour une autre fois. Comme il se trouvait du cœur à l'ouvrage, il continua toujours ce qu'il avait commencé. Il en fit autant le lendemain et les jours suivants.

L'espoir de la rosée d'or le conduisait tous les matins avant le jour, et une fois au travail, il y restait jusqu'au soir, ensemençant après avoir défriché, aménageant ici des champs de céréales et là de grasses prairies.

L'année se passa ainsi, puis une seconde, puis une troisième. Tout le domaine avait été peu à peu remis en culture, lorsqu'on fut arrivé au dernier jour du temps indiqué par la vieille femme. Jean-Claude, habillé comme d'habitude avant l'aube, parcourait ses champs sans y voir autre chose que ce qu'il avait semé. Comme il arrivait au dernier, un rayon de soleil glissa sur la colline et brilla sur la barbe du jeune garçon.

Il s'arrêta avec colère : « Vieille maudite! Tu m'as trompé! s'écria-t-il, j'ai fait tout ce que tu m'avais commandé, les trois années sont accomplies et je ne vois pas ta rosée d'or.

— Elle est devant toi, dit la mendiante, qui venait de s'arrêter à la barrière du champ. Ne la vois-tu donc pas dans ces blés qui penchent leurs têtes blondes, dans ces pommiers qui ploient sous leurs fruits jaunes, dans ces vaches qui paissent le long des sentiers? Je t'ai promis un secret qui devait t'enrichir et j'ai tenu parole; car il y a trois ans, tu n'avais qu'un domaine en friche qui t'annonçait des dettes et la ruine, aujourd'hui tu possèdes un domaine fertile qui t'assure l'aisance et le repos. J'ajouterai seulement ceci pour que tu le redises à tes voisins: Toutes les terres ont le don de la *rosée d'or;* mais ceux que le soleil levant trouve au travail peuvent seuls la recueillir. En d'autres termes, la terre n'est fertile et n'enrichit que ceux qui la cultivent soigneusement; elle laisse mourir de faim les paresseux et les lâches. »

Retenez bien ce que vous venez de lire, petites filles de la campagne, et vous, fillettes des cités; souvenez-vous que vous avez dans votre intelligence un champ inépuisable à cultiver. L'esprit est comme la terre: sans le travail, il reste stérile, il ne peut rien produire de grand ni de beau.

Petites Françaises de la ville et des champs, vous saurez un jour que votre pays a toujours imposé au monde la domination de son génie même aux temps où la fortune des armes ne secondait pas ses efforts. Cette suprématie de la France, il peut dépendre de vous, quand vous serez grandes, de la rendre plus éclatante encore. Et pour cela vous n'aurez qu'à donner à ceux qui vous entourent, l'exemple de la vertu, de l'activité et du travail.

TABLE DES MATIÈRES

		Pages.
1.	Comment il faut lire.	3
2.	Dieu et ses œuvres.	6
3.	Une fillette modèle.	7
4.	Père et Mère.	9
5.	Les Boissons.	10
6.	Suzanne et sa mère.	14
7.	Claire et son père.	16
8.	**Chanson d'Automne.**	19
9.	La poule de Juliette.	20
10.	Le coucher de la poupée.	23
11.	Le Labourage.	26
12.	La bonne nourrice des bébés. — *La Vache.*	28
13.	Le bon petit cœur.	32
14.	L'Éclairage.	35
15.	Éléonore ne sait pas compter.	39
16.	Jeanne l'a échappée belle.	40
17.	Les plaisirs de l'hiver. — *L'Orphelin.*	43
18.	Les bonshommes de neige.	45
19.	Qui veut des petits pâtés tout chauds ?	50
20.	La Jalousie.	52
21.	Chauffage. — *Légende de la Houille.*	55
22.	Babet la cuisinière.	61
23.	Le marché des fées.	64
24.	Le beau jour des étrennes.	69
25.	On l'appelait Boudillon !	74
26.	**Chanson d'Hiver.**	77
27.	Fourrures et étoffes.	78
28.	Une fillette bien attrapée.	83
29.	Papier. Imprimerie.	85
30.	La chanson du cordier.	87
31.	Henriette fait la roue comme un paon.	89
32.	La soie.	91
33.	Prenez garde !	95
34.	Asinette.	97
35.	Les petits oiseaux.	99
36.	Les nids des oiseaux.	100
37.	Deux sœurs qui ne se ressemblent guère.	103
38.	Le corps humain.	105
39.	La Respiration.	108
40.	L'Alimentation.	111
41.	Les deux diamants.	113
42.	Pauvres petits, ils n'entendent plus !	115
43.	Découverte de la vaccine.	117
44.	La petite pleurnicheuse.	720
45.	Les Aliments.	121
46.	Le Mensonge. — *La chute d'un gland.*	128

TABLE DES MATIÈRES.

		Pages
47.	Une gentille couturière.	131
48.	**Chanson de Printemps.**	133
49.	Le petit pain tout fait.	134
50.	Un grand bienfaiteur de l'humanité	136
51.	Mlle Frappe d'abord.	140
52.	L'Habitation.	142
53.	La bonne petite sœur.	147
54.	Les Abeilles.	150
55.	Grand Dieu! des gendarmes!	152
56.	L'Eau.	155
57.	Les Sources.	158
58.	La bonne petite Georgette.	161
59.	Le plus grand des animaux.	163
60.	La grande petite fille.	167
61.	L'orage.	168
62.	Les deux parterres.	172
63.	L'or.	175
64.	L'argent. — *Ruolz, plaqué, aluminium, billon, nickel.*	177
65.	Le fer. La fonte. — *Le Clou.*	179
66.	Tôle. Fer-blanc. Acier.	182
67.	La bonne volonté de Paulette.	184
68.	Martin le Gagne-Petit.	186
69.	Cuivre. Plomb. Étain.	187
70.	Voilà le rétameur!	189
71.	Zinc. Fil d'archal. Laiton. Airain.	191
72.	Faïence. Porcelaine.	193
73.	Origines de divers mots.	198
74.	Voyage autour d'une classe. — *Encre, crayons, plumes, ardoises, gomme élastique.*	201
75.	Les trois états des corps et les trois règnes de la nature.	205
76.	La petite ménagère.	207
77.	La petite mère.	209
78.	Baptême d'une poupée ou les trois couleurs du drapeau français.	213
79.	**Chanson d'Été.**	215
80.	La bonne Vieille et le Soldat.	216
81.	L'oncle marin. — La Terre. Le Soleil. Les Étoiles	219
82.	La Mer ou Océan. L'Étoile polaire. La Boussole.	224
83.	Les Continents. Christophe Colomb. Suez et Panama.	227
84.	Races humaines. Colonies françaises. La marine. Notre patrie. — *Chanson de l'Émigré.*	228
85.	Le retour dans la Patrie.	232
86.	La rosée d'or.	235

Paris. — Imp. Vve P. Larousse et Cie, rue Montparnasse, 19.

www.ingramcontent.com/pod-product-compliance
Lightning Source LLC
Chambersburg PA
CBHW060120170426
43198CB00010B/964